U0754442

效率模式

如何高效地过好每一天

慕如雪◎编著

台海出版社

图书在版编目（CIP）数据

效率模式：如何高效地过好每一天／慕如雪编著. —北京：台海出版社，2018.12（2019.12 重印）

ISBN 978-7-5168-2166-4

Ⅰ.①效… Ⅱ.①慕… Ⅲ.①管理学—通俗读物 Ⅳ.①C93-49

中国版本图书馆 CIP 数据核字（2018）第 259300 号

效率模式：如何高效地过好每一天

编　　著：慕如雪

责任编辑：王　萍　　　　　　　　封面设计：胡椒设计
责任印制：蔡　旭

出版发行：台海出版社
地　　址：北京市东城区景山东街 20 号　　　邮政编码：100009
电　　话：010-64041652（发行，邮购）
传　　真：010-84045799（总编室）
网　　址：www.taimeng.org.cn/thcbs/default.htm
E-mail：thcbs@126.com

经　　销：全国各地新华书店
印　　刷：三河市华润印刷有限公司
本书如有破损、缺页、装订错误，请与本社联系调换

开　　本：710mm×1000mm　　　　　1/16
字　　数：150 千字　　　　　　　　印　　张：14
版　　次：2019 年 1 月第 1 版　　　印　　次：2019 年 12 月第 2 次印刷
书　　号：ISBN 978-7-5168-2166-4

定　　价：39.80 元

前　言

2015 年，做记者的胡玮炜创办了摩拜单车，并且仅仅用了三年的时间，把一个企业做成了当下创业公司中的领头羊。

2016 年，百度花了上亿元全资收购了一个叫"李叫兽"的公众号，随后聘任公众号的主人为百度副总裁，公众号的主人和作者是一个叫李靖的 25 岁的年轻人。

2017 年，新闻记者出身的咪蒙凭着犀利的文笔和独特的视角成了自媒体的领军人物，月入百万。

2018 年，北大才女刘媛媛实现了从农村考上北大、杀到《超级演说家》第二季冠军、当上首席执行官的人生三次逆袭。

不知从什么时候开始，这些与我们年龄相当的同龄人，已经远远地跑在了我们前面。

他们绝不是随随便便成功的。他们的成功与高效率工作有直接的关系。成功的路不存在投机取巧，歪打正着，尤其是各种信息和资讯爆炸的现代社会。即便你有明确的目标，缺乏高效率，不论你再怎么努力，都很难见到成功的曙光。

现在很多人有明确目标，遗憾的是能坚持向着这个目标努力的人并不多。许多人看起来忙忙碌碌，却忙得茫然无措，丝毫没有效率。迷茫了我们会做什么？会想着法子逃避公司的加班，会为抢到两块钱红包而得意，会怀疑自己努力的意义，从而否定自己的价值。迷茫、焦虑从来都是和成功相背离的，这样下去你只会越来越无助，越来越迷茫。

彭端淑在《为学》中讲了这样一个故事，四川边界上有一个贫穷的和尚和一个富有的和尚，有一天贫穷的和尚对富有的和尚说："我想到南海去，你觉得怎么样？"富有的和尚惊讶地问："那么你拿什么去呢？"贫穷的和尚指了指手中的钵盂说："我只需要一个盛饭的饭碗就够了！"富有的和尚听了更加吃惊，告诉穷和尚："我好几年前就想租船到南海去，但是都被风浪挡了回来，一直都没有成行。你什么都没有，到不了南海，还是不要去了。"穷和尚没有听从富和尚的建议，整理行装出发，第二年便从南海平安返了回来。富有的和尚看到如愿而归的穷和尚，惭愧不已。

四川到南海有几千里，富有的和尚抵达不了，什么都没有的穷和尚却能顺利抵达，说明只有目标远远不够，还需要有高效的执行力。不行动，目标永远是天上的星星；行动起来，并且高效地执行，目标才能化作脚下的路，才有可能到达成功的彼岸。

当然除了高效的执行力，成功还需要有高效的学习力、高效的时间管理能力和强大的抗拖延的能力，具备这几项"神力"才能迎来成功。

那么，你是想做一个庸庸碌碌的人，浑浑噩噩过一生呢，还是做一个成功者，享受着成功的喜悦和光环，让你的人生不虚此行呢？

答案就在这本书内。本书除了告诉你怎样制定人生目标，寻找人生方向外，还告诉你怎样克服掉人生路上拖延和低效率这两个绊脚石，怎样爱上你的工作，怎样管理好你的时间，怎样提高你的学习力、执行力和核心竞争力，让你拥有一个高效能的人生。

目　录

第一章

管理时间：高效率需要与分秒博弈

　　不知道从什么时候开始，时间已经成了一件奢侈品，每个人都在吵嚷着自己没有时间，好像时间一下子压缩了它的内存，变得吝啬起来。时间真的变得吝啬了吗？当然没有。时间从来没有慷慨过，也从来没有吝啬过，它是世界上最公平的账户。我们总觉得没时间是因为我们没有好好地对时间进行管理。想要成就高效率的人生，就要先学会管理时间。

你为什么没时间

你是不是有这样的疑惑：明明晚上要做很多事，怎么敷了一个面膜，泡了一个脚，吃了一个西瓜，时间就已经指向了十一点，该休息了？明明想着八点半出门刚刚好，结果紧赶慢赶，还是和地铁错过了？时间好像长了腿，总让你追着它。

时间没有长腿，依旧一分六十秒，一小时六十分尽职地走着。总觉得时间不够用，是因为我们把时间弄丢了。

有这样一个关于浪费时间的故事。

有一位即将过世的人，在临死之前，死神来到了他的身边。他恳请死神再给他一分钟。死神说："你要一分钟做什么？"

他回答说："我想利用这一分钟的时间好好看一看外面的世界，回想一下我的一生。"死神却没有给他这个机会。

死神说："你的一辈子都有足够的时间去看看外面的世界，但是你却一直没有珍惜。"

"你看下你生命中的这几十年，你有三分之一的时间都在睡觉，剩下的时间里你都在虚度光阴，还经常抱怨时间过得太慢了。

"上学的时候，你希望赶紧结束这一切。工作之后，你经常把时间用在抽烟喝酒、看无聊的电视上。在会议上，经常昏昏欲睡，做事不认真，导致一项工作要反复几次才能完成。

"你的一生已经浪费了太多的时间，我现在不能满足你的要求。"

说完这些话的时候，一分钟也就到了，死神毫不留情地带走了他。

死神绝情吗？不绝情！这位即将过世的人值得同情吗？不值得同情，但是却有些委屈，因为有时候时间虽然浪费了，我们却并不知道自己把时间荒废了。

我们的"一天"，并不是想象的那样多，去掉 8 小时标准睡眠时间，去掉三餐时间，去掉上下班交通时间，剩下的不过是不到 12 小时的工作、娱乐、学习时间。12 小时，如果都平均到每件事情上，分到的时间少得可怜，这还得包括每分钟都不浪费，完美对接，如果在哪个环节浪费了，分到的时间会更少。

然而，谁又能保证每一分钟都不浪费。虽然我们从小就知道"一寸光阴一寸金"，但是浪费起时间来绝不手软。

张丹是公司的一个出纳，为了节约上下班在路上的时间，她在单位附近租了房子。租房子的时候她想自己离单位近，节约下来的时间可以看一下专业的书籍，再考一个会计师证书。可是白天对着各类报表、数字看了一整天，她的头都大了，回到出租屋一点也提不起看书的兴致，只想着放松一下。于是每天下班后她就坐在了电脑前，一直玩一款热门游戏。这个游戏很火爆，几十个人组成一个公会，每天公会都会安排专门的任务，谁要是不做任务，不仅失分降级，也会影响公会的战绩。为了不影响队友的成绩，每天下班后她都熟稔地进入操作页面，赶到集合地点做任务。往往刷一个副本的时间需要足足3个小时，等她揉着酸痛的脖子下线的时候窗外早已经夜黑如墨了。

张扬喜欢吃炒面，每天中午都喜欢到单位附近的一家面馆吃炒面。这天面馆因为成本增加炒面售价涨了一元钱，张扬却并不知道，发现服务员多收她一元钱，生气地和服务员争执了半个小时。

徐徐是一个销售员，每天总吵着没有时间，每天下班后总要宅在家里打游戏，有时候一打就是一整天。一到周末的时候，不是和朋友喝酒吃饭，就是在去跟朋友喝酒吃饭的路上。

这几个人看似忙忙碌碌，却把时间浪费得那样自然。时间很快，白驹过隙，不知不觉就消失了。朱自清写过这样一段话："洗手的时候，日子从水盆里过去；吃饭的时候，日子从饭碗里过去……我觉察它去的匆匆了，伸出手遮挽时，它又从遮挽的手边过去。天黑时，我躺在床上，它便伶伶俐俐地从我身上跨过，从我脚边飞去了。"

不过朱自清所说的日子飞走了，也算得上是正常，阻挡不了的，那么还有哪些事情拖走了我们的时间呢？

1. 没完没了的娱乐活动

娱乐活动拖走时间已经不是什么新话题，似乎从"娱乐就是享受生活"这个口号流行起来开始，娱乐就成了大众生活的重要组成部分。在没有网络的时代，人们用打麻将、喝酒、打牌、玩游戏、看电视等方式来娱乐，现在随着网络的兴起和各类社交软件的流行，娱乐变成了刷朋友圈、看视频、交友、聊天、打游戏。每一项都在吞噬着我们的时间。

时间飞逝一词用来形容这些娱乐项目再恰当不过，二十几秒的短视频一刷可以刷一宿，半个小时一局的游戏对战可以打一天，看朋友圈、同投机的网友聊天也可以熬到天边露出鱼肚白。如果不加以克制，时间在这些有连续推送功能的智能产品面前，多半会不值一提。

2. 无关紧要的小事

除了沉迷娱乐外，拖走时间的还有无关紧要的小事或者无聊的小事。

无关紧要的小事多半是家长里短、鸡毛蒜皮一样的小事。听着事小，但这往往是浪费时间的一个大陷阱，几乎很少有人计较和别人砍价耗费了五分钟，为穿哪双鞋逛街挑选了八分钟，计较为谁先挂掉电话而和伴侣吵了三分钟。可是什么都是积少成多，把这些无关紧要的小事花费的时间放在一起也非常可观，何况还有那些无聊的事。

无聊的事情不等同于前面所说的无关紧要的事情。无关紧要的事情多少和我们的生活有些关联，无聊的事情则和我们没有一点关系。更糟糕的是，做什么事情都频繁地被无关紧要的和无聊的小事牵扯精力，很难静下心来工作。

梭罗就曾经在《瓦尔登湖》中写过，大部分时候，我们把自己的时间都浪费在一些无关紧要又转瞬即逝的事情上，这些烦琐之事，让我们再也无法集中精力去做事情。

3. 把大块时间化成了零碎时间

你有没有注意到，我们经常在零碎时间上面精打细算；但是面对大块时间的时候，我们往往不知道怎么利用它。大块时间本来最好用来做费时的，需要高度集中精力的事情，却往往做了很多零碎的小事，间接地把整块时间分割成了零碎时间。这还不是最致命的，最致命的是，你不可能把所切割的零碎时间都完全用上，从而不经意地浪费掉了时间。

其实当你把一整块时间不知道做什么而分成零星小时间的时候，就注定了时间会被浪费掉。因为一张整的一百元钱，花的时候我们可能有些犹豫，但是一旦把这张钱兑换成零钱，花的时候便不会那样在乎。时间也是一样，本来好好的一块时间，一旦被分解成了零碎的时间，浪费起来便不会那么在意。而时间不像金钱能重新一分一分地赚回来，时间一旦被你这样一分一分地浪费掉，就没有了。

假设你有 8 个小时，用在工作上，可以换来一天的工资；用在

学习某种技能上，可以得到某个知识点，或者纠正某个错误；用在阅读上，可以读完一本好书；用在陪伴家人上，可以享受一个轻松的假日；哪怕用在睡觉上，也可以保证第二天神清气爽。同样是八小时，用在打游戏上，也许能打完一个副本得到一个装备；用在 K 歌上，也许能让你得到"麦霸"的美誉；用在逛街上，也许能让你得到购物的些许快乐；用在聊天上，也许能让你发泄一下情绪……但是，你得到的所有东西几乎都是无用的，甚至还要花费额外的金钱和精力，你会发现付出和所得完全不成正比，两相权衡，你不得不感叹，时间被"谋杀"了！

有个词叫为时已晚，这个时候才觉得惶恐，觉得悔恨，但一切已都来不及了。

你所不知道的时间管理

一说起提高效率，大家第一个就会想到时间管理。一般人认为只要把时间管好了就会迎来高效率，然而事实却并非如此。

张红是一个新应聘进来的实习生。她早就听说过时间管理，也想着在新的工作岗位上大展宏图一把，让大家刮目相看，于是对自己的时间做了精细的管理，包括几点起床、几点出门、几点到达办公室、几点和某个老师学习某项技能，每天按时按点地执行。但是最终的结果却不如她预想的那般美好，实习结束她并没有被公司留下来。

没有被留下来的原因是期间出现的两个小插曲。一次领导吩咐她和一个前辈外出跑一下业务，而她那天的时间规划表里面并没有这一项，于是委婉地和领导提醒了一下自己今天有其他的工作。还有一次快下班的时候领导心情大好，邀请全体员工去 K 歌。她的时间表里，下班时候要学外语，想着时间一定起冲突，于是向领导请示可不可以不去。之后年末总结的时候，领导没有找她续签下一年的协议。离开的时候部门经理语重心长地告诉她，没被留下来的理由是因为她错解了时间管理。

其实很多人对时间管理有误解，并且误解还不是一种。

1. 时间管理不能变通

很多人都觉得既然制定了时间表，就要按照表格按部就班地执行，不能随意更改表格计划。

这么理解对，也不对。对的原因是想要做时间管理就要有持之以恒的决心，所以要按照表格中设定的执行，来不得半点马虎。不对是忘了一个最重要的谚语"计划没有变化快"。大家都没有未卜先知的能力，你永远不知道下一秒有什么事情发生，你也永远不知道下一个小时领导会给你安排什么工作。张红没有续约其实就败在了这一条上。

时间管理是要给事情一个精确的时间档，但是并不是让我们雷

打不动地照单执行，如果有突然的情况，要学会调整你的时间管理，尤其是刚入职场的新人，当自己的时间档和领导安排工作的时间档发生冲突的时候，最好"以大局为重"。不懂变通，再精细的时间管理都会变成囚笼。

2. 普通人根本不需要时间管理

有很多人认为，只有企业老总需要学习时间管理，我们普通人并不需要。

去年和妹妹看一本杂志，翻到一篇关于时间管理的文章，还没等一看，妹妹火速把杂志抢过去，边抢边说："你又不是什么老总，也没有大企业，看什么时间管理啊！"让我啼笑皆非。接下来妹妹的解释更让我啼笑皆非，妹妹说："大企业老总因为事业庞大，事务也一定庞杂，应该用时间管理协助，才能更好地平衡事业和家庭之间的关系。而我们普通人没有大事业，只有小家庭，管不管有什么用！"

天真的妹妹不知道相对于大企业家，我们普通人更需要时间管理。企业家都有既定的目标，对自己的前程都有准确规划，时间管理对于他们来说是锦上添花，辅助他们把事业做得更强大，让自己更精进。与企业家相比，普通人则更需要用时间管理来调整生活改变人生，包括作息方式和职业规划。普通人一般目标都不是很明确，再加上生活上遇到的种种事情，总让他们有种焦头烂额的心碎感。这种心碎感会产生许多消极的情绪，让人很难再昂起斗志。时间管理可以把人从消极的泥淖中解救出来，用积极的心态打理自己的人生。

3. 时间管理就是把事情记下来

提到怎样进行时间管理，不少人认为把每天需要做的事情记下来就是时间管理，这样就能管理好飘忽不定的时间。

我以前有一个同事，为了管好自己的时间，买了非常多的日记本和手账本，还准备了专门的账笔和数不清的便利贴。从早晨起床开始，几乎把每天家里需要做的事情都事无巨细地写下来，美其名曰时间管理就要精细。

其实她并不知道单纯地把事情记下来并不是时间管理。就像以为记账就是把自己所花的每一笔钱都记下来，就认为是理财，就以为能实现收支平衡，财务自由。那真的是有些天方夜谭，记账仅仅是帮着记录，真正的理财是分析花费情况，做出合理的调整。

时间管理和记账异曲同工，只是单纯地把事情一件件记录下来，而不去分析哪里多用了时间，什么事情多耗费了精力。有时候相反会被详尽的记录弄得疲惫不堪。时间管理重要的在"理"，而不在"记"。

4. 借用别人的时间管理表

有的人苦于不知道怎样做好时间管理，把别人的时间管理方法拿过来应用。

小野非常上进，总想着提升自己的能力水平，买了很多大咖的微课，其中时间管理的课程就有好几个。原本以为能在大咖那里借鉴些经验，让自己更强大，谁知道上了几次课后，小野却苦起了脸，他说自己越来越不知道怎样管理自己的时间了。仔细打听才知道，A 老师教授的方法在 B 老师那里遭到了否定，C 老师提出的方法又和他信奉的时间管理冲突，他不知道该听谁的，该怎么做了。

什么事情都最忌盲目。每个人的工作不同，行为方式、生活习惯、个人能力，甚至知识结构、认知水平、精神层次都不相同，需要有自己专属的时间表和时间管理体系，别人的仅仅是借鉴，不一定完全适合你。你的也一样不一定适合别人。

5. 时间管理就是为了节省时间

更多的人觉得时间管理就是为了加快速度，从而节约出更多的时间来。几天前我还清晰听见单位一个主管对他手下员工的"喊话"："提高工作效率就是告诉你们要快点工作，好节约时间继续下面的工作！"有的人为了追求这个"快点"工作，把工作进度安排得飞快，并且为了提供时间的利用率，完成一项工作之后，火速安排下一项工作。这样短期是节省了时间，提高了效率，但是时间久了，人必将产生疲惫的心理，工作效率会不增反降。

时间管理从来都不是节省出更多的时间，反而是让你慢一点，更好地享受生活，做到生活、工作、家庭和个人各个方面之间的平衡。有一个 TED 视频叫作《如何掌控时间》，一个写过时间管理书籍的讲师在节目中说，时间管理并不是节省时间创造自己想要的生活，而是先创造自己想要的生活，从而把时间节省下来。

至于为什么会有这样几种误解，是因为人们想当然地认为时间管理就是知道什么时间做什么事情就好了，这样也把时间管理想得太简单了。时间管理，表面上是管理时间，其实是管理你的思维、行为模式以及生活习惯，让它们向着高效能方向靠近，让你了解你的时间构成，知道你的时间究竟去哪儿了，从而制订属于你自己的时间管理计划。

清楚你的可控时间，夺回时间控制权

有一句经典的广告词"你不理财，财不理你"。时间也是一样，你不理它，它也不理你。同样的一天 24 小时，为什么有的人能创造出丰功伟绩，你却只是看着时针追着分针，分针追着秒针，晃过一天又一天？关键在这个"理"上。

理财，首先要知道自己的财来自何方。理时间，也要先清楚自己的时间都来自哪里。我们的时间，并不完全属于我们。最形象的说法是，有一部分时间就是挂在我们名下的公积金账户，知道在那里，却不能随心所欲地支取。这一部分是不可控时间，还有一部分是可控时间，这一部分时间我们可以自由掌控，这才算真正属于我们的时间。我们要理的就是这一段你能自由支配的时间。

　　我的可控时间是早上做早餐前的一段时间和晚上家人都睡了后的一小段时间，总共加起来也有三个小时左右。2015 年，我想考心理咨询师，周围的朋友建议我报一个培训班，说虽然花点钱但是能保证一次过，我没有同意，总认为自己考上的才是真实的。我于是买来很多学习资料，用这三个小时复习。

　　每个人可供自由支配的时间也是不同的，有的人工作比较清闲，下班后事情很多，可自由支配的时间反倒是上班的工作时间。而有的人工作内容繁重，可自由支配的是晚上下班后的一部分时间，那么他的可掌控时间就是下班后的时间。在做时间管理之前一定要知道你自己可支配的时间是哪段时间。有的人在早上有空闲，有的人在晚上才能腾出专属的时间来，人和人因为所处的环境不同，可调控的时间也不尽相同。你一定要对自己的时间，尤其是自己可以掌控的时间有一个大概的了解。千万不要盲目跟风，因为那样只会让你疲惫。

　　明白了自己的可控时间，怎样让自己有限的时间有效率呢？

1. 对时间有点紧迫感

　　我们都背负着生活和工作的双重压力，除去吃饭、睡觉等必要的时间，可自由支配的时间更是寥寥无几。有机构专门对此做了一项研究，说一个人每天可自由支配的时间大约为三个小时。三个小时只是一个保守的数字，大多数人可自由支配的时间远没有如此多。这样短的时间想让它产生效力，最好的办法就是给自己增加压力。

有一个女孩，经常因为出门晚而迟到，索性把自己的手表调快了五分钟，变相地提醒自己早些出门，后来她果然不再迟到。她也尝到了把钟表调快的好处，做工作任务的时候也总是命令自己提前两天完成，因为每次工作的时间都非常急，她不得不改变工作方法，提高工作效率，从此以后再没有因为不按时完成工作被老板训斥过。

大家都在强调减压，其实有时候适当的压力也是一种动力，可以督促人们不松散。因为对时间没有太多的概念，太过散漫，我们常常忘了时间的存在，也常常丢了对时间的敬畏之心，而给自己制造一点紧张的气氛，就是重新找回对时间的敬畏之心。

有一句话说得好，不逼自己永远不知道自己有多优秀。人天生就有懒散和向往舒适的习性，总想着得过且过，不到最后关头一般不愿意采取行动。增加时间的紧迫感，能有效避免人躲回懒惰的温床。另外，今日的紧迫也是为了他日的从容，就像早晨早起床几分钟，上班的时候早出门几分钟一样，你压缩了这里的时间，另一部分时间就会宽裕起来。

2. 延展你的时间

有一句话叫"你决定不了生命的长度，但是你可以决定生命的宽度"。而时间呢，我们同样不能改变它的单位长度，但是我们可以拓展它的可控时间长度。

我们的一天是从早晨开始算起的吗？不是，一天的时间是从早上起床的时间开始算起的。正常情况下，八点钟起床，如果提前两小时，六点起床，就比别人多出了两小时的时间，五点起床就比别人多出了三个小时的时间，如果早上四点起床呢？你的时间整整会比别人延展四个小时。一天有多少个四小时呢？你每天延长四个小时，等于比别人多出了半天。千万别小看这半天时间。这半天时间是一天当中质量较高的一段时间，没有人打扰，你可以迅速投入工作状态。有不少行业的领军人物，都是用这一段时间来完成自己的提升的，因为经过了一夜的休整，这个时候头脑恢复到最佳的峰值，工作效率相对于别的时间段是最高的，而且早晨还相对安静，不容易被打扰，更容易进入工作状态。

有的人不能早起，是因为早起很难。刚开始早起会觉得很难，但是习惯成自然，坚持一段时间，早起就会变得很容易。全球青年领导力创人、极北咖啡创始人和畅销书作家张萌每天早晨五点起床，已经坚持了十七年。她利用这段时间读书，写作，打造更完美的自己。一天之计在于晨，只要坚持早起，你也会创造奇迹。

不过早起要有方向，有的人是早起了，但是不知道干什么，于是就刷刷手机，看看电视。实话说，这样的早起不如不早起，没有一点意义。早起也要目标明确。像前文提到的张萌，她早起要提高自己的英语能力，成为英语演讲者，所以每天早起的那三个小时，她都用来听说读写英语。如果早晨起来无所事事的话，和没有早起没什么两样。

和早上相对的，延长时间的另一办法是延长晚上的时间。这个晚上，不是鼓励你通宵熬夜，疲劳工作，是指睡觉之前那个时间段。这段时间白天工作已经告一段落，身体压力卸了下来，是人一天当中最放松和最安静的时刻。像早晨一样，这段时间也是难得的属于我们的大块时间。本着大块时间做需要高度专注、集中注意力的事情的原则，这段时间适合阅读、写作等高度用脑的工作，夜深人静大脑会发挥它的潜能来完成自己的工作。

如果你把这两个时间段都延展开来，那么，迎接你的就是一个美好的人生。

3. 扫清你静下心来做事情的阻力

不知道大家有没有这样的经历，本来在认真地做着事情，突然想到了还有其他的事情要做，于是起身做新的事情，把原来正在做的事情忘在了脑后。

不知道从什么时候开始，我开始静不下心来，做着一件事情的时候脑海中总想着另一件事情，而且还有了一个最糟糕的习惯，无论我要拿起手机做什么，只要拿起手机，第一件事情一定点开微信，第二个点开 QQ，第三个点开各类新闻软件。后来我发现了这个坏习惯，卸载了这几个软件，并且工作的时候把手机放在看不到的地方，有效地管住了自己的"手"。

虽然大家都想做自己的主人，但有些事情真的是这条路上的绊脚石，这时候就需要弯下腰把它移开，而不是坐下来让石头拦住路。时间和人生始终是我们的，想要追求高效的人生，就要先把控制权夺回来。

用好碎片时间

现在除了没时间，提到的最多的一个词还有碎片时间。顾名思义，碎片时间就是大块时间之外，零零碎碎的散碎时间。现在由于人们工作生活的压力增大和人们工作选择的多样性，我们变得异常忙碌，很难有大块时间，相反碎片时间变得越来越多。等公交的间隙，坐地铁的时间，中午休息时候的片刻闲暇几乎都是碎片时间的代表。它们虽然短，却也能创造很多价值。用零散的时间背英语单词，一天能背20—50个，用零散的时间写成一段段的感想，只要主题一致，几个月的时间便可以完成一本书。

现在都知道了碎片时间的重要性，大家都在尝试着利用碎片时间。碎片时间短暂，于是我们通常用来看新闻、逛淘宝、看朋友圈或者读两篇鸡汤公众号文，简直可以称得上"见缝插针"。只是如此"见缝插针"，你得到什么了吗？你看的新闻都是社会上发生的地域新闻，除了为你和别人八卦时增加些谈资外，对你的生活和工作没有一点作用；你看的那些养生文，都是老生常谈的话题，对改变你的人生窘境于事无补；那些明星的八卦新闻更不用说，没钱的人操心人家有钱人的日子，有些皇上不急太监急了。所以看似你利用了时间，但是这部分时间却没有一点效率和收获，其实是浪费了时间。想要碎片时间发挥效力，就要充分利用好它。

那么要怎样利用这些碎片时间呢？

1. 让你的碎片时间有目的

你要先知道你在碎片时间具体要做些什么。每天要做的事情那样多，要先给自己理出一个头绪来。如果你想补充你的短板，那么就应该先清楚自己的短板，并且清楚你想利用碎片时间修补你的哪一块人生短板。比如，你想突破英语听说关，你可以在手机下载一个英语学习软件，只要闲着的时候就做听说的练习；你有当编剧的意向，想有一天把自己的故事搬上荧幕，你可以在空闲的时间里，在脑海中构思出一个场面进行描摹，之后用你的语言把你勾勒的情节呈现，即所谓的打腹稿；如果你想成为一名作家，你可以自己确定一个中心，之后写一段文字。但是有一个词要记住——坚持。

有一个刚参加工作的女孩非常想考英语同声传译。她学的是幼教专业，不主修英语，英语是她的短板，所以她只要有时间就捧着英语书查资料、背单词。为了让自己浸在英语的氛围里，还把手机的语言设置成了英语，和大家打招呼的时候，能用英语的绝不会说汉语。功夫不负有心人，一年之后，她如愿以偿地做了一名同声传译。

虽然说是碎片时间，但是绝对不能让你的大脑碎片化，要让它保持专一的投入，才能把碎片时间发挥到和整块时间相同的效力。

2. 用碎片时间做小事

碎片的时间，由于时间短暂，不适合完成超大型的任务，所以碎片时间尽量安排筹划、构思、收集和积累等小任务量的事情。

生活不是赌气，碎片时间利用一定要适当，并且量力而行。本来时间短暂，你偏要背下一篇高难度的英语演讲稿就有些强人所难，而让你背三五个英语单词，就容易得多。

时间管理最重要的一点是在对的时间做对的事。千万不要用高强度挑战自己当说辞，给零碎时间安排无法完成的工作。什么时间就要干什么事情，强人所难，做让人无法完成的工作，不是对自己的挑战，而是对资源的浪费。

3. 碎片时间所做的项目一定要有长性

碎片时间散、零碎，不能连续地做事情，但是有一句谚语叫"积少成多"。碎片时间虽然短，但是你也可以把它像拼积木一样拼接起来，天长日久也就成了一大块完整的时间了。

一个在工地上搬砖的民工喜欢写毛笔字，只要工休的间隙就铺上纸摆上墨开始练习。后来他成了当地有名的书法家，写的字价值千元。而另一位插画师，则是每天用零零碎碎的时间练习而成为画师的。她当时是公司的前台，从小就喜欢画漫画。公司小，事情少，没事的时候她就模仿着书上的插画练习，没想到才半年的时间就被一家漫画公司挖去做了专业的画师。

要想利用碎片时间充电，提升自己，一定要在一个方向上勤加练习，不能这山望着那山高，那样不仅不能达到精进的目的，还会让你无法专下心来做其他的事情，因为无论做什么事情都讲究持之以恒。

从情理上说，没有真正的整块时间，都是零碎时间，只是时间长短而已。有一个著名的一万小时定律，说要想在哪一方面有些成就，一定要用一万小时的努力才能够得到。试想一下，有连续的一万个小时吗？不还是一个小时间段一个小时间段拼接而成的。

要想让你的碎片时间发挥应有的效力，就要在你认准的事情上持之不懈地做下去。世界上最难的事情是坚持，但是要想成功就要打破这个魔咒。

4. 用零碎时间养成好习惯

除了在单一的技能上面提升外，碎片时间还可以养成一些微小的习惯。比如在乘公交或地铁时，如果是 20 分钟以上可以听书、听单词，如若只是 10 分钟左右，则可以浏览自己需要查阅的信息；可以在散步、爬山、遛狗、一个人走路时听听新闻、听书或者听自己需要记忆的资料；打扫卫生、浇花、洗衣时可以听书、听单词、听新闻、听需要背的资料或者练习英语口语和普通话；看电视的广告时间也可以做仰卧起坐、俯卧撑、下蹲、眼保健操，站起来扭扭身子；早上起床洗脸刷牙时可以在脑海里提醒自己今天该做的事项，至于事项可以在前一天写好记在便签条上；晚上洗脚时可以浏览自己需要阅读的相关信息，学生族可以背数学、物理、化学公式及英语单词、语文诗词；走路的时候可以记忆已完成和待完成的事项，如若想到什么可拿手机录音，回头整理；上、下楼梯没人时可以甩甩手臂做轻微小幅度的扩伸运动等；电脑开机时间整理书桌或资料，电脑关机时间闭目放松或活动四肢。

这些事情用零碎的时间做，既保证了时间没有被浪费掉，还促使自己养成了好习惯。如果好习惯总是如影随形，对以后的生活都会大有裨益。碎片时间也是一种宝贵的财富，只有利用好它，让它们发挥应有的作用，才算真正的时间管理。

时间管理从提高做事效率开始

时间管理并不是为了增加时间，也不是单纯地对时间做好划分和安排，而是在既定的时间内提高对时间的利用效率。时间终究还是有限的，无论怎么安排和使用，它也不会变得更多，为此我们需要想办法提高自己的办事效率，提高对时间的利用效率，并且想办法让自己的工作变得更加轻松。只有这样，我们才能在有限的时间里完成更多的工作，才能确保自己在时间管理方面掌握更多的主动权。

那么，怎样才能提高做事情的效率？

1. 尊重工作时间

有很多人虽然在工作，其实并没有尊重工作时间，工作的时候聊天、浏览网页，做与工作无关的事情，这样的情况非常普遍，造成工作效率极低。德鲁克在《哈佛商业评论》中写过，一个成功的时间管理者，其高明之处在于能有效地安排好自己的时间，而且还能够有效地遵守工作时间，不让任何计划或时间表变得毫无价值。

遵守工作时间的一项要诀就是适当安排处理每项工作所需要的时间长度。一般而言，安排的时间太短比时间太长更糟糕。因为这样的话，管理者就必须时刻提醒自己赶上进度，而使实际情况变得比预计情况更糟。

提高效率是一个非常大的概念，其本质始终都是为了最大化地利用时间，确保时间可以得到充分的运用。通常情况下，提高效率的直接方式就是提升自己的能力和生产力。提升能力的方法很简单，往往是通过学习和锻炼，不断增强自己的专业技能，不断提升自己处理问题的能力。当工作技能得到提升之后，工作的速度和质量才会得到提升，而工作时间也就有了更多的保障。

只有尊重工作时间，并且合理利用工作时间，才能提高工作效率，从而提高时间效率。

遵守工作时间的另一项要诀是，不要对那些没有预计到的事情立刻做出反应，把处理这些事情所需的时间安排在未来机动的时间表中，将它们看成是其他时间里要做的事。除了个人能力的提升之外，工作方法和技术的提升同样会带来效率的提高。

2. 寻找自己中意的合作伙伴

我们可以发现，生活中很多东西不是某一个人或者某一群人能够独立完成的。建筑师可以建造漂亮的房子，但是如果没有人给他生产水泥和砖头，没有工人帮他"打桩"，他也照样建不出完美的建筑；厨师能做出美味的糕点，如果没有农民给他种出小麦，从而提供面粉，没有奶油供应商为他提供奶油，他照样是"巧妇难为无米之炊"。

很多时候我们分析，那些看似简单的事情其实都是大工程，大家只是做了其中一个步骤而已。波音飞机的制造也需要几十个国家共同来完成，同样地，哪怕是一个小小的面包也需要不同的机构和人共同协作来完成。很显然，合作分工是一种非常高效的工作模式，毕竟相比于单干，合作会带来更高的效率，一旦合作默契，就会产生1加1大于2的效果。合作带来了信息的共享、技术的互补、资源的重新整合，同时也解放了我们的劳动力与思维，解放了个人的时间。

一个人走得快，一群人走得远，提高做事效率还要寻找合作伙伴，让自己与时间的配合更默契。

真正具备优势的人不仅能够发现自己的特长，还能够发现别人的特长。他们懂得自己擅长什么，缺乏什么，也懂得自己需要寻找什么样的帮手。比如在一台机器的制造中，我们也许只需要生产螺丝；在一辆汽车的制造中，我们也许只需要生产引擎或者轮胎；在一个项目的流程中，我们也许只需要做好其中某一个步骤就可以了。

所以找一个合作对象也是提高效率、做好时间管理的好办法。不过，找合作对象的时候，一定要双方合作默契。如果双方缺乏默契，相互之间没有共同点，而且目标也不一致，甚至立场相反，那么彼此之间可能会出现互相抵消、互相拖累的状况，这时候双方的合力就几乎为零。合作的时候一定要找能够给自己带来帮助的合作伙伴，必须保持同一个方向和目标，只有这样，才能够真正提高工作效率，节省更多的工作时间。

3. 明确自己的生物钟

大家应该都知道一个词叫"生物钟"。生物学家经过研究，发现人在一天中有 3 个时段大脑功能处于黄金高峰：第一个黄金时段是早上刚睡醒以后的 3—4 个小时，也就是在早上 6 点到上午的 10 点左右，这个时候无论是记忆能力还是理解能力，都可以达到顶峰状态。下午 3 点到 4 点是另一个高峰，由于中午经过了休息，而且食物在消化之后为身体提供了足够的能量，因此，这段时间的大脑比较活跃，理解能力非常强，可以说非常适合学习一些新的内容。晚上 7 点到 9 点是学习的又一个黄金时间，这时人的大脑非常清楚，学习能力很强，记忆力很好，而且思维敏捷。

但是事情并不是绝对的，生物钟也是因人而异的，有的人在某一时间段内会精力旺盛，而在其他时间段内就会比较低沉，人也容

效率模式：如何高效地过好每一天

易疲劳；有的人在一天中的某一时刻记忆力超强，在某些时刻则容易忘记很多事情；有的人在某一时刻会表现得特别专注和平静，在其他时候则会显得焦躁不安，这都是生物钟在起作用。熟悉自己的生物钟，就可以让时间成为我们的天然合作伙伴。

明确自己的生物钟，才能让我们在对的时间做对的事，才能让自己的效率翻番。

第二章

树立目标：量身定做才能实现高效

目标是一个人生命的灯塔。只要人生有了目标，再落魄的人都可能逆袭成为王子，没有目标，生活得再光鲜亮丽也像在尘世间流浪。不过目标的设定也大有讲究，别人的目标，再高大上也属于别人；自己的目标要从自己的实际出发量身定做，这样才有可能用目标的光芒照亮人生之路。

人为什么要有目标

我在一个学校做过一阵子的老师。课后经常被这些大孩子们问到的问题就是关于梦想的。他们都渴望从我这里得到开启梦想的钥匙，但他们很少有人能给我说出他们具体的目标。我不禁在心里暗想，没有目标也就摸不到梦想，就像走路之于鞋子，没有目标靠什么走远？

有目标的人和没目标的人的人生是不一样的。有目标的人，知道取舍，办事有效率，知道什么该做什么不该做。他们好像天生就懂得时间管理，能把自己的学习生活安排得很好，什么事情都处理得非常有条理。他们知道时间珍贵，要把时间留给最重要的事情，所以那些无聊的聚会上很少见到他们的身影。

而没目标的人与上面说的这些恰恰相反，这样的人工作起来自然也就缺乏效率。我工作的办公室里经常看到一些同事每天无所事事。他们似乎也被这种状态所困扰，总是不住地慨叹：一天一天总是这样重复，要重复到什么时候呢！人生是自己经营的，有的人把

一天的日子重复了一万天，有的人把每天都过成新的。有的人之所以无所事事，是因为他们对人生已经没有什么目标，或者说他们原来就没有人生目标，因为茫然所以无措。

有人做过统计，如果把人比作大船，把人生比作大海的话，有95%的人的航船没有舵手，跌跌撞撞地在人生的海洋上乱撞；只有5%的人知道航行的方向，顺顺利利地前进。这5%的人，就是有目标、办事效率高的人。遗憾的是，我们大多数人都不在此列。

青年创业导师张萌读大学的时候突然想当奥运会的志愿者，于是扛着行李从浙江大学退学苦学英语，一年之后考上了北京师范大学，之后又想帮着大学生和青年人找到人生的航向，开始做教育。可汗学院的创始人萨尔曼·可汗，在一次偶然接触到了互联网之后，开始在网上为世界各地的孩子讲数学题。后来他发现自己非常适合做老师，自己也非常喜欢这种状态，竟然辞去了对冲基金高级分析师这个职位，开始全身心地投入到课程中来，把可汗学院做成了著名的网上课堂。张萌成功了，成为全球最年轻的青年人生规划师。萨尔曼·可汗也成功了。他们成功的原因是知道自己要什么，想干什么，知道如何高效率地向着梦想靠近。

每个人都希望功成名就，光耀门楣，但是若不知道自己想要什么，一切的梦想都是空谈。

有目标的人清楚自己的优点及短板，他们总是通过高效率的方式释放自己的优点，补全自己的短板，所以有目标的人会把很多时间和精力放在个人提升上，学习是他们最愿意做的事。他们能清楚地找到自己的短板，知道自己从哪个方面去用力。张萌因为梦想着当奥运会的志愿者，从浙江大学退学之后，考了北京师范大学英语系。在大学发现英语并不是自己的强项，开始拼命学英语，怕自己坚持不下来，还给自己设定了一个一千小时的小树苗计划。

张萌在采访中说，在确定好自己的人生目标之后，发现需要掌握很多的技能，比如沟通的技巧和时间管理等，就开始继续用一万小时定律学习沟通的技巧，制订自己的学习计划。知己知彼，方能百战不殆。知道自己需要什么才能保证自己的人生不偏离航向。

有目标的人有极强的责任感和使命感，好像自己就是为某些事情而生的，必将为某些事情而奋斗。

Facebook 的 CEO 扎克伯格回母校哈佛大学做毕业典礼演讲的时候，建议大家一定要有自己的目标，并且还要有完成这一目标的计划。他说他每年都给自己定下一个年度目标。2009 年，他的目标是每天都打领带去上班，2010 年是学习中文，2011 年吃素，2012 年亲手写代码……2017 年和 2018 年走遍美国的所有州，和每个州的人进行一次交谈。这些年度目标都服务于他的人生总体目标——通过社交网络链接每一个人。

不过可惜的是，在高校里和职场中，像扎克伯格一样有清晰完整目标的人微乎其微，许多人完全没有目标，每天过得浑浑噩噩，还有少量一部分人有目标，但是目标不清晰，没有明确的发展方向，所以导致人生也是稀里糊涂的。大部分人都是没有目标的那些人，他们完全不知道自己要过怎么样的人生。也有少数人有目标但是目标不明确，总是随着心情和状况不停地转换。虽然看上去也在努力，不过因为没有方向，始终尝不到成功的喜悦。这几类人中，最后一类最痛苦，因为梦想像根刺时常扎着他，他想改变又无能为力。

每个人都想突破自我，就要学着给自己设计一个目标，因为目标可以让我们变得更加高效。法国著名思想家蒙田说过："灵魂如果没有确定的目标，就会丧失自己。"目标是所有行为的导向性指导。设定一个目标，就有了你需要做什么、为什么以及怎样做的方向，同时也有了去做的驱动力。

所以说不是明白了时间管理，就可以颇有效率地过一天，甚至过一生了，我们还需要有一个目标。都说条条大路通罗马，那是因为你知道要到达的地方是罗马，即便从千万条路开始走，也能走到罗马去。如果你不知道要到哪里去呢？别说在你的面前有千万条路，就是有两条路，你也不知道路到底通向哪里。

找到适合自己的专属目标

春节回家遇到一件啼笑皆非的事情，已经工作两年的表弟找到我，哭丧着脸问我，自己是不是有些笨。一句话把我问得莫名其妙，大春节的怎么来这一句话呢？经过我细问才知道，因为高考错报了志愿，他只上了一所高职，毕业后签约了一家机械公司。

表弟的不开心就是从这里开始的。公司里还有一个和他一同签约的男孩，两个人都不甘心自己一辈子困在车间里，便一起复习考名校研究生，改变自己的命运。事真是好事，但是到了表弟这就成坏事了。那个同学太厉害了，简直就是一个学霸，学习能力甩了表弟几条街，制订的学习计划每次都能轻松完成，而表弟完成起来就有些费力。表弟说，这样糟糕的状态，自己恐怕考不上那个大学的研究生了。

表弟说完一脸颓丧，好像到了世界末日一样，让我看了心跟着一阵酸疼。我忍不住问他，你们怎么想到考这所大学的研究生呢？你真的想考这所大学的研究生吗？表弟说，也不是十分想考，就是觉着这所大学的名气挺大，主要是那个男孩想考，自己也不知道自己应该做什么，就想着跟他一起考。

听了表弟的话，我大吃一惊。虽然现在跟风成了热潮，但是考个研究生也跟风，好像还是头一次听说。梦想和目标跟自己的能力和水平有极大的关系，别人的梦想可以借鉴来成为你的梦想，但是别人的目标怎么能变成你的目标呢。

有的人提到目标，想到的都是高大上的，比如今年我要赚上一千万，我要买别墅，我要成立一家上市公司……这些目标能不能实现我不知道，但是我知道一定不能在一瞬间实现。把不能马上实现的作为奋斗目标，除了挫伤自己的自信心，不能让自己进入高效状态外，我想不到其他的好处。

人是情感动物，需要被激励和肯定，所以设定的目标一定要符合自己的实际情况和身份，千万不要好高骛远。定下来的目标总也达不到，会挫伤人的斗志。如果是情绪化的人，可能就会自暴自弃。现在人们的心理承受能力普遍下降，如果一旦不能达到目标，后果不堪设想。

在追梦的过程中，因为不清楚自己到底想要什么，很容易盲目地找一个人作为自己前进的榜样，从而把他们的目标也视作自己的目标。但是每个人都是一个独立的个体，各方面的资质是不同的，把优秀的人的目标当成自己的目标，不是万全之策，会降低我们的人生效率。

设定目标的时候，要根据自身的情况设定，说成量身定做一点儿都不为过。量身定做的目标可以提高我们的效率，让我们在实现目标的过程中变得更加高效。王健林一个亿的目标不适合我们，马云让公司上市也不是我们能做到的，我们的目标还要根据我们自身的条件来，不过可以稍微把目标定高一点，就像中学时代的每一次模拟考试。你这次考了八十分，下一次你可以把目标定在八十五分，如果能轻松达到了，再把目标定成九十分，一层层加高，总保持一种上升的步伐。但是高也要有度，是通过你的努力可以达到的，而不是一步把目标定在天上。明明只能考八十分非要定到一百分，显然不实际。目标定得太高、太远，怎么努力也达不到，人会产生很深的挫败感，几次之后，身上的锐气就会被挫伤，之后就会选择退缩，再没有奋斗进取的欲望了。

有不少人在追逐目标的路上，为什么总是坚持不下去，除了意志力不够之外，更多的是把目标定得太高，高于他的实际能力，就是跳脚也摸不到，这样就没有了去完成的动力。

目标设定的时候，还不能紧紧盯着容易实现的小目标，还要给自己定一个总的长远的目标，之后聚沙成塔，一个个小目标积攒成一个大的目标。这个总目标就是你今后的人生目标。

设定目标的时候，不时问问自己要取得什么结果。这样做不是低质量的重复，是给自己一个心理暗示，让自己更坚定自己的目标，从而向目标努力。梦想不仅仅是在嘴上说的，而是记进脑子里的。在一次次达成小目标之后，重新设定目标的时候，就可以以一个小目标为起点，逐渐提升你的目标。这个阶段性的提升会让你心中的那个大目标越来越清晰。

而人在没有具体想好自己要什么之前，很容易把别人的目标当成自己的目标。想要避免就要从自己的实际考虑，除了问清自己要做什么、想成为什么样的人外，还要问问自己能成为什么样的人。

在人生这场角逐中，无论什么时候，方向都比努力更重要。没有人从心底愿意颓废和不思进取，很多时候是迷茫，不知道自己想要什么，才找不准自己的人生目标。那么怎么样才能迅速地找到自己的人生目标呢？最常见的做法是给自己找一个目标人物。

这个目标人物应该是你的精神领袖，或者是你想成为的人。不要害怕梦想太远实现不了，如果你喜欢创业，可以把这个人物定成马化腾和马云；你喜欢写作，你可以把目标人物定成莫言、迟子建；如果你梦想成为一个导演，可以把目标定为张艺谋。

当然，这个目标人物离我们有些遥远，不是我们一时半会通过努力就可以追赶上的。所以在确定完这个人物之后，还要在你的身边找到一个和这个人物相类似的人物。比如你的老板或者身边哪个行业做得高于你的人。三人行必有我师，他们没有大成功者的光环，更接地气，而且在我们身边，也更适合作为我们的现实榜样。

这个目标人物不等同于刚才那个最高目标人物。最高目标人物，是我们人生路上的一个指引，可能我们终其一生也难以望其项背，而这个身边人物更容易让我们追赶和超越。当我们超过他时，可以换一个更优秀的人来作为你的追赶目标。如果你一步步地超过越来越多优秀人物的话，你离你心中那个最好人物就会越来越近，离你心目中那个终极奋斗目标也会越来越近的。

有了目标人物接下来就要分析这个目标人物的条件和优势。现在资讯特别发达，每个公众人物几乎都成了透明人，网上有许多他们的资料，很容易查到。比如你可以通过资料查到马云英语演讲特别厉害，沟通能力特别强，莫言和迟子建有极强的自律能力和良好的写作习惯等。

了解了这些，你就可以开始你的下一步计划——查找自己的短板。这个短板不是你人生的短板，是和你找到的灵魂人物之间的差距，比如你的灵魂人物是马云，你找到的马云的优点是沟通能力特别强，而沟通是你的弱项，你就要锻炼你的沟通能力，增强你的沟通能力就是你的目标。成功的道路是一条布满荆棘的道路，一定要付出很多汗水，找到目标之后，你唯一能做的就是坚持不放弃。

　　害怕自己坚持不下去，完成不了目标，可以把目标写在显眼的地方，每天看上几遍，时刻鞭策和激励自己，这样你就会精神百倍，斗志昂扬。另外，要相信自己，世上没有什么不可能的事，目标一旦找到，做事就高效起来，一切皆有可能。

选择目标需要有"断舍离"的勇气

　　你为什么不成功？为什么办事没有效率？因为你没有目标！如果你有目标，它会在无形中释放出能量，推动你办事高效，直至走向成功。哈佛研究表明：27%的人没有目标；60%的人目标模糊；10%的人有清晰但比较短期的目标；只有3%的人有着清晰而长远的目标。25年后，3%的人，几乎都成为社会各界成功人士；10%的人，大都生活在社会中上层；60%的人，都生活在社会中下层；剩下27%的人，在抱怨他人，抱怨社会。

在实现自我价值的人生之旅中，树立一个目标至关重要。一个人能成为什么样的人不在于他出身如何，而在于他如何造就自己，如何规划自己的目标。

2017 年是小于最幸运的一年。当地电视台的编剧老师要找他写一部电视剧，以前合作过的策划老师找他出书，他所在的公司要公派他到澳大利亚开拓市场。他想同时都接下来，毕竟写剧本和出书不用坐班，他走多远都没关系。可是，一个星期之后他还是放弃了这个天真的想法，因为电视剧急着让他出剧本的梗概、大纲和人物小传，出书的出版社也要他马上想出选题，做出目录，而到澳大利亚工作，还需要他练习一下口语以方便日常工作和交流，经过"撕心裂肺"的权衡，他决定放弃写剧本和出书的两个邀约，飞往澳大利亚。送行晚宴上他说："这几个目标其实都是自己追求的，没想到都一起来了。这时候才知道什么叫作分身乏术，世上的事情怎么不能有两全其美呢？"

世上当然没有两全其美的美事。工作没有，梦想没有，目标更没有。像别的事情一样，目标选择也需要取舍。

关于目标选择有一个非常著名的寓言。在一个葡萄园内，一串串饱满的大葡萄让人垂涎欲滴。一只狐狸来到葡萄架下，馋得直流口水，于是它使劲地往上跳，想要吃到葡萄一饱口福。但葡萄架太高了，狐狸第一次试跳没有成功。狐狸想，这串葡萄不好，瞧它长的那个样子，外面看着挺好，里面肯定是酸的。

想到这里，狐狸瞄准另外一串葡萄跳了上去，可惜这一次也没扑着。狐狸想，这串葡萄也不好，说不定里面还有虫子，幸亏没吃着，否则吃得我拉肚子就太不值了。

第二次试跳依然以失败而告终，不知道从哪传来了稀稀拉拉的掌声，原来树上落了几只前来看热闹的乌鸦。狐狸向它们拱拱手，表示谢意。两次试跳后，狐狸有点累了，蹲下来喘气。它心想，这时候有个教练递给我一瓶水，再给我讲讲动作要领，布置一下战术，那该多好啊！一生能有几回搏？让我最后再跳一次，我就不信跳不过这个破葡萄架。狐狸转动着眼睛，四下寻找，终于找到了一个长竹竿，狐狸抓住竹竿，后退了几步，并向周围示意，请乌鸦们给予鼓励的掌声。有支持就有力量，得到鼓励后的狐狸，信心倍增，只见它提竿快步向葡萄藤奔过去，竹竿准确地插入了地面，竹竿将狐狸高高撑起，然后是漂亮的抛竿动作，自由下坠，狐狸成功地跃过了高高的葡萄架，安全地落到了松软的草地上。"啊，姿势真优美，动作真漂亮！"乌鸦们大声地夸奖狐狸。一只年轻的母乌鸦从树上飞了下来，给狐狸献上了一束野花。狐狸手捧鲜花，心情非常激动，多少年的期盼，多少代狐狸的努力，终于迎来了这胜利的时刻。但短暂的喜悦过后，狐狸冷静下来了，它想，我是来吃葡萄的，葡萄没吃着，跳得再高又怎样呢！

这个有些荒诞搞笑的寓言，却说明了一个道理，目标选择上没有取舍，盲目努力，往往会走错路，最终什么也得不到。那么怎样对你的目标做出取舍呢？

1. 明白你想要什么

在目标选择上，初入职场的年轻人经常会遇到这样的状况，不知走了什么好运气，好事一桩接一桩来，让你怀疑天使给你开了后门。这时候一定要头脑清醒，想明白要做什么，想成为什么样的人之后再去做选择。

茶圣陆羽小时候父母双亡，被一个叫智积禅师的人收养。他在禅寺中长大，每天和禅师拜佛理禅，诵读经文。可是虽然长在寺中，陆羽却不喜欢诵读佛经，而更喜欢吟读诗书，所以向禅师祈求下山求学，禅师开始的时候并不同意，后来经不住陆羽的苦苦央求，同意他下山。下山之后陆羽广读诗书，钻研茶道，写出了广为流传的《茶经》，成为一代茶圣。

陆羽本来在寺庙中长大。如果选择成为一个禅师可谓是得天独厚，顺理成章，可是他知道自己喜欢的是诗文辞赋，想著述文章。后来他向着这个方向努力，最终成为一代大师。

一步错，终生错。有时候你的一个错误决断，会让你的人生走向相反的方向，尤其是选择前进目标这样的事。就像寓言中的狐狸，忘了自己想要的其实是葡萄，即使跳得再高，也是失败了！

2. 选择更适合你的

选择目标，除了选择你想要的，还要选择适合你长远发展的。尤其是在你人生规划不是很清晰的情况下，选择适合你长远发展的目标，更利于你今后的成长，让你少走弯路。比如做幼儿老师还是做幼儿师资培养教育，做幼儿师资培养教育就比做幼儿教育要宽广一些，幼儿教育除了成为顶级的幼教专家，其余就是拼青春。随着时间的流逝，青春不在，激情不在，也就没有什么发展可言了。而幼儿师资培养教育就不一样，师资力量总是需要的，只要有激情和能力，都可以担任教学的工作，生命的价值不会随着时间的增加而缩减。

我有一个朋友，是幼儿园的一线教师，当时是因为喜欢孩子才选择这个职业的，后来工作两年之后发现这个职业虽然每天可以和孩子们在一起，但是可以提升的空间并不大，于是报了学前教育的研究生课程，现在成了教育学院的一名讲师。

虽然都是教育领域，但是后者明显要比前者更适合这位朋友。人生目标的设定总是要往长远考虑一下，我们的人生不是几年，而是几十年，要给自己的人生找好航向。

3. 选择目标要量力而行

为什么要量力而行？因为我们每个人的能力是有限的，有时候我们的想法是好的，但是碍于能力等原因，可能永远也达不到，实现不了。如果你不按照自己的能力和情况来，把目标定得太高、太远，不仅执行起来有难度，还会大大挫败你的激情和斗志。

有这样一个非常有意思的寓言，一只蜗牛，很想做成一番惊天动地的大事业。开始它想东游泰山，一直爬到山顶，可一计算，要实现这个计划，至少需要 3000 年时间，只好忍痛放弃这个打算。后来它又想南下爬到长江边上看一看奔腾的江水，可一计算，至少也需要 3000 年时间。蜗牛知道自己的生命非常短暂，不禁十分悲伤，于是什么也不肯做，最终死在了野草丛中。

蜗牛之所以"横死草中"是因为两个目标都太遥远。放弃了大目标后的蜗牛十分悲伤，什么也不肯做，一蹶不振，死于草丛。虽然是则寓言，但其中的道理是相通的，如果你定的目标过于远大，不切实际，那么或许同蜗牛一样最后什么都不肯做，一蹶不振。因为实现目标这条路是漫长的，很少有人能做到屡败屡战。

所以选目标的时候一定不要好高骛远。高大上的目标是纸上谈兵，能看得见，摸得着，踏踏实实行动起来的目标，才是真正适合你的目标。

4. 选择目标要先给自己准确定位

定位，通俗地讲就是寻找一个适合的位置。茫茫人海谁都有自己的位置，一个人要想不活得浑浑噩噩，就要学会先给自己定好位——能做什么、想做什么、怎样去做以及成为一个什么样的人。人不能总是走到哪儿算哪儿，懂得定位，就可以学会以理性的态度追求更好的生存状态，这样，才能把命运的主动权握在自己手中。

大家一定都知道《红楼梦》里的晴雯，她的命运算是丫鬟里面最惨的，被赶出贾府，病死家中。十二钗里对她的判词是"心比天高，身为下贱"。她的"死于非命"主要还是因为定位不准。明明自己是个丫头，无非长得漂亮些，人聪明些，老太太喜欢，于是就有了"准宝二奶奶"的幻想，有意无意地以"准主子"的身份出现，打骂小丫头，挤兑袭人，讥讽婆子，甚至对宝玉也出言不逊。因犯了众怒，王夫人处理她时，除了宝玉去看了她一回，几乎没人同情她。

罗曼·罗兰说：人类的使命在于自强不息地追求完美。当我们准确地定位了自己的人生目标，我们会将我们的潜质发挥到极致；当我们失去了准确的定位时，就会困惑和迷惘，就会对一切事情都失去兴趣。

所以说选择目标的时候要给自己准确定位。怎么给自己定位呢？说得直白一些就是对自己有一个正确的认识和精准的分析，然后根据分析决定你的职业、事业方向。只有认识了自己，才能对自己的职业做出正确的选择，才能选定适合自己发展的职业生涯路线，才能对自己的职业生涯目标做出最佳的抉择。

一次只完成一个目标

我们或许有这样的疑惑：我也选择了目标，找准了方向，为什么还过得很迷茫？请先回答我几个问题：你有几个目标？你的主要目标是什么？你为你的目标做没做过整体的规划？

有一年我的一个朋友帮着一家网站做一个关于职场提升和心灵成长的调查，他和我说调查的内容就是上述的几个问题：你有几个目标？你的主要目标是什么？你为你的目标整体做过规划吗？而让他震惊的是第一个问题的答案，几乎有超过半数人的目标有三个以上。后来我联想到在知乎上看到的一个关于目标的帖子，是一个求助帖，帖子写着："我今年计划要读一百本书，每天长跑一公里，考过英语六级……大家说我能完成吗？"帖子下面是一长串的留言，无非都是加油鼓劲的。我却对着这个帖子摇着头苦笑，一年有这么多的目标，并且目标都不在一个系列中，不是我见不得别人优秀，这些目标也就是说说而已，根本就不可能实现，因为选择太多。

人生就是一个十字路口，东西南北好几个方向，目标能让你选定一个方向往前走。我们每个人都有选择困难症，有太多的选择时，总不知道选择哪个才好，设定太多的目标就像重新被推回到十字路口，根本不知道该往哪儿走，还谈什么实现目标。

现在是知识付费的时代，不少领域大咖都在网络上开设了课程，学习变得比以前容易了，而就是这个太容易，更容易把我们带入没有目标的怪圈里。

一个叫小美的女孩就走进了这个怪圈里。她学的是企业管理，却对任何事情都感兴趣。网上付费课程兴起之后，短时间内她不仅买了锻炼身材的瑜伽课程，还买了心理学课、情商课、理财课。当时报完课程她信誓旦旦地说，用不了多久自己一定会华丽逆袭。可是两个月之后，她不仅没有逆袭成功，反而一蹶不振。原来她给自己设定的目标太多，根本就不知道做哪个好，结果那些课程都躺在她的手机里，没有一门学完整的。别说逆袭，她已经被迷茫打击得找不到原来那个自己了。

最近网络上流行一个词叫"积极废人"，指的就是经常给自己设定目标，但是永远也达不到的人。这类人中很大一部分因为目标太多无法选择。一会儿学这个，一会儿学那个，人生处处是目标，只会导致你到头来没有目标，一事无成。

人的精力毕竟有限，只做好一件事才是成功的捷径。目标也是一样，设定一个目标，前进的方向才能更明确。

那些成功人士从来都只有一个目标，并且朝着这个目标努力奋斗的。比如比尔·盖茨，他在十三岁接触了互联网，二十岁成立了电脑公司。从十三岁到二十岁整整七年之间他都在互联网领域探索。

儿童绘本里有一个著名的故事——《小熊挖井》，故事说熊妈妈有三个小熊，小熊长大了，小熊妈妈让他们自己挖井找水喝。一只小熊挖了几锹之后，看见没挖出水来，换了一个地方去挖。另一只小熊挖了几锹也没有水，但是没有放弃，继续挖。而第三只小熊没有自己挖井，而是跳到熊哥哥丢弃的坑里去挖。结果第二只小熊和第三只小熊都挖出了水来，只有第一只小熊，费了不少力气，挖了

不少的坑，却一点水也没有挖出来。

人生也像挖井，你每年在一个目标里挖掘，越挖越深，慢慢就会把你的目标变成一口水井；而朝三暮四，频繁换目标的人，看着是很忙碌，到头来只是白忙了一场，除了收获失败之外，收获不到任何东西。

所以无论你有多大的理想与抱负，在一个时间段里，都要把你的目标降到一个。

在汉字里有三个"mang"字。一个是茫然的茫，一个是盲目的盲，一个是忙碌的忙。设定太多的目标或者盲目地跟风，都会让你陷入茫然的泥沼，空忙一场。

人生最好的状态就是一生只做一件事，一生都朝着这个目标努力，调整和提升也是在这个目标基础上进行。

不过现在时代发展的特别快，一生只做一件事，只有一个目标，听起来好像有些不太现实，可能随着我们心态的成熟，我们对目标也会进行修正，会趋向成熟和合理，但是我们锁定的目标，最好始终是同一个方向的。

卓越的成就，都是靠一步步累积而来，而不是将几件事的成绩累积起来。量变终会引起质变，所以一次只完成一个目标，才是正确的确定目标之道。朝秦暮楚、见异思迁则是设定目标的大忌。

人生太长，先给自己来个五年计划

一说起设立目标，我每次想到的都是网上疯传的那个段子：我们可以先定一个小目标，比如先赚一个亿。我想到的不是那个"一个亿"，而是"小目标"。

从上小学开始，老师就教育我们要有一个远大的目标，并且向这个目标努力奋进，如此才能成为一个有用的人。但是大目标太遥远，实现起来遥遥无期，所以我们在确定了大目标之后，最好的办法是，把大目标变成一个个的小目标，一个个来完成。

五年前，我在一家培训机构做代课老师，认识了一个朋友，他不仅能唱歌，还能写歌，非常有才华。有一天他告诉我他要在五年之内组建一支乐队，并且出一个唱片。我刚想给他加油打气，告诉他他一定能行，谁知他给我带来了另一个消息，他要辞职。我惊讶地问他为什么，因为离他的计划还有五年时间，现在准备可是有点早。他说，现在一点儿都不早了，我虽然会写，会唱，但是我不太懂音乐的乐理知识。所以在接下来的几年时间里，我要好好地补这块短板，辞职后我打算考音乐学院，这样，经过两年的学习，第三年我就可以找志同道合的队友，并且开始我的创作，第四年我就可以找唱片公司，如果不出意外的话，第五年我就可以录制我的唱

片了。

我当时为他的计划好一阵惊讶，好精细的计划，当时就觉得他一定能成功。从那次谈话之后我再没有见过他，只是在他的朋友圈里了解到他的动态："找到了志同道合的伙伴""开始写歌""有人约我们去唱歌了""明天就要演出了，激动"。每一条朋友圈的动态都告诉我，他在按照他的计划进行着。这些动态还告诉我，他一定会成功的。果不其然，就在去年，我在流行音乐的颁奖典礼上看到了他和他乐队的身影。这一年距离他辞职，整整五年。

我不知道他接下来的目标，只知道他会越走越远。因为他懂得完成目标的策略，一个一个去击破。

在实现目标这条艰辛的道路上，我们也不妨参照我朋友给自己定一个五年计划。再把这个计划细化，一步步来实现这个目标。

具体做法是把一生化为若干个时间段，再选取一个时间节点，十年一段或者五年一段，之后再细分下去，一年完成什么，一个月完成什么，一周完成什么，一天完成什么，将每个时间段做的具体事情做一个细化。

做时间节点的时候，不是时间到了，这个目标就终止了，而是时间到了之后，在这个基础上，再更上一层楼进行提升。目标是以你确定的那个总目标为最后的终点，这个时间节点只是一个阶段。如果你耐不下心来，一个时间节点之后，再去追求一个和这个目标完全不相关的目标，那么你苦苦坚持下来的这个目标，可能会前功尽弃，到头来还是一场空。有句话说得好，样样通，样样松，倒不如在一个领域里深挖，做精做细。

一天其实是有许多琐事的。除了目标这一件需要铭刻在心的事情之外，还有许多事情需要解决和处理。所以做一天计划的时候，一定要知道事情的轻重缓急。而无论多忙，都要把你的目标详细地写进计划里。比如：你要成为一个演讲者，无论你多忙，你都要每天拿出 30 分钟进行口才演讲方面的练习；你想要在英语方面有所突破，你必须每天都要拿出一定的时间听说读写英语。把它们写在你清单的醒目位置，以便随时都能看到，随时提醒你自己。

做这个计划的时候，最好把你多做了的那些事情也写出来。因为我们刚做计划的时候，很难完全按照既定的步骤来走。很多时候是写下来的事情没去做，没写的事情反而做了不少。这也是造成我们效率低的原因。这时候我们就需要总结一下，多出来的这些事情哪些是需要做的，哪些是不需要做的。下一次做的时候就要注意。

不知道大家发现没有，每天做的事情有很多是无用的。比如一次次拿起手机，一次次闲聊，把这些时间都利用起来能做很多有益的事情。我们常常问时间都去哪儿了，其实时间都浪费在了这些无所谓的事情上，也就是这些无所谓事情的阻隔，让我们在目标的达成上举步维艰。

通过计划表，把这些不该做的事情归纳出来，并且慢慢地加以避免，时间长了你就会发现，你所做的事情越来越接近你的计划表了。

相对来说在目标完成的道路上，你就已经闯过第一关。

接着你就要做你的周计划。做周计划的时候，就要对每天的计划做一个总结，包括完成得怎么样，哪里出现了问题，哪些地方需要改进等。这一个复盘的过程有助于你下星期计划的制订。

而月计划，就是对各个周计划的总结。所以制订月计划的时候不仅仅是总结，还要有分析，看看自己离总目标还有多远，随后看看需要做哪些调整。月目标是最容易发现问题和矫正问题的。因为经过前面四周的努力，已经初见成效，不足很快就能显现出来。

最后年计划的时候，就要回头看一看自己完成的效果，还有哪些需要改进的地方，以便重新修订来年的计划。只有计划、分析、调整、总结，再计划，再调整，目标才能越来越清晰。

目标分解的时候，日目标一定是你设定的目标环节中最基础的那一环，如果不是，就要继续细分下去，直到找到最小的那个点为止。比如你是一个文学爱好者，想一个月写一本十万字的书。十万字听起来是一个非常庞大的任务，而一个月仅仅三十天，一个月内写完一本书，听起来有些天方夜谭，但是只要把这个目标量化到天，难度就不一样了，只要每天保证写三千多字，这个目标就很容易达到。

当然，这个五年计划也不是随随便便就设定的。要做出一个精准的五年计划，除了知道自己要干什么外，还要给自己一段时间好好思索一下计划的可行性。一般情况下，只用几分钟或者几个小时制订出来的五年计划不可靠，因为根本没有经过深思熟虑，等同于小孩子玩的过家家，制订了之后操作性也一定不强。制订计划不能心血来潮，一定要给自己时间，冷静地想想五年之后自己将会变成什么样子，事业上达到什么高度，思想上达到什么程度等，考虑得越全面，可行度越好，实施起来效果越好。制订好之后最好打印出来，或者记在专门的本子上，放在醒目的位置，作为督导，时刻提醒自己按照计划执行。

只有坚持，才能高效执行

世界上最难的事是什么？是坚持。古今中外成大事的人之所以成功，不在于他的力量大小，而在于他能坚持多久。完成目标的过程是一个艰辛的过程，成功的人都是坚持到底的那个人。

坚持不简单，除了要制订详细的计划、有强大的信念外，还需要有极强的执行力。有很多人计划制订得非常好，但是一旦行动起来就状况百出，最后导致自己的计划不了了之。比如定下每天早上跑步的计划，但非常不巧连续几天早晨天都下起了小雨，诸般权衡之后只好取消计划；再比如定好晚上十一点之前上床睡觉，但是同学聚会，一不小心玩了个通宵，又喜欢上了一个电视剧，下班之后，

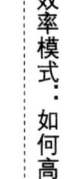

一口气从头刷到尾，早睡的计划就此搁置。

有人说这些都是特殊情况，有的时候无法避免。是的，就是这无法避免或者身不由己，让你的计划迟迟得不到执行。言出必行，定下来的事情马上去做是执行力的第一准则。世上最容易的事情就是找借口。人生于世，有很多身不由己，只要你不想去做，总有各种各样的借口等着你。其实办法总比借口多，就像早晨跑步的计划，天下雨你可以改在室内跑，或者到健身房去跑，再或者晚饭后雨停了再去跑。无论你什么时间去做，你的目标是执行你跑步的这个计划，而不强调在某一个时间段。人需要灵活和变通，想办法让你的目标顺利地执行，才是最关键的。

有强大的执行力的另一方面还体现在你对自己有多"狠"，你舍得狠下心来逼自己，如果没完成再舍得惩罚一下自己，那么你的执行力就及格了。比如没完成口语训练任务，不许逛街买衣服；没看完规定页数的书，不允许自己追剧……小惩大诫，不是克扣自己，而是为了监督自己，让自己变得更优秀。千万不能给自己开妥协的闸门，这道门一旦打开一次，就能打开无数次，那样你的目标只能是空谈。

不论是计划还是目标，停留在纸上，做得再完美都没有作用，只有行动起来，梦想才有可能照进现实。无论你参加多少课程，报了多少提升班，都要训练自己马上行动起来的能力，不然学再多的课程都无用。在目标完成的过程中，千万不要做思想上的巨人和行动上的矮子。

有一句话叫想得太多，做得太少。虽然我们都知道要追逐自己的梦想，不能让时光虚度，但是执行起来真的就没有那样容易了。让自己马上行动起来，除了有坚强的意志外，还需要一种坚定的信念和坚持下去的勇气。坚定的信念，不仅仅是给自己设定目标，为自己鼓劲，让自己所向披靡，还要给自己适当的激励，让自己更有力量和信心走下去。

我有一个朋友为了挑战自己，参加了一个 30 天跑步打卡社群。这对她确实是一个大的挑战，因为她平时基本不怎么运动，一下子就加入有制约性的社群，难度还是很大的，但是她有一种不服输的劲儿，竟然咬牙坚持了下来，打卡胜利完成后，请自己看一场喜欢许久的电影。接着她用这个激励的办法又一鼓作气地连续参加了三十天、六十天、百天社群。在那样多的参与者中，她是参与期数最多的，自然也是收获最大的。后来去参加马拉松比赛，她跑下了全程。

世界上的事情没有一帆风顺的，也没有完美无缺的，在完成目标这件事上，经常会出现一些不和谐的音符。这些音符多数来自身边的朋友或者同事，因为你不愿意与他们为伍，表现出和他们不一致，他们经常会对你表现出嘲讽或者打压。

我有一个网友就因为这样的事情和我诉苦，她说她想通过跑步锻炼身体，可是跑了几天之后就再也不去跑了，因为她跑步的时候

被同伴看见了，同伴四处传扬说她跟潮流，出风头，她就再也没出去跑过。现在特别纠结，想出去跑，怕被大家嘲笑，想夜跑，又担心不安全，实在不知道怎么办才好了。

我当时告诉她的答案是做你想做的。当你认为自己做的是对的时，就坚定自己的选择，不要在乎他们的话语和目光。因为大多数人都有一个特性，自己不愿意改变，也见不得别人改变。并不是每个人都想努力上进，改变自己的。大多数人都宁愿过原地踏步的生活而不愿意去挑战一下自己。这时候你的寻求改变就会被他们视为异类，千万不要被他们的不思进取所误导，那样你就又和他们一样了。

人都有奋斗的权利，更有选择生活方式的权利，我们都有权利过更好的生活，做最好的自己。坚定一点儿，千万别让自己的目标毁在他人的嘴上。就像凤凰涅槃，总有浴火重生那一天，到时候他们对你的目光将是羡慕和崇拜。所以说执行力其实就是简单的一句话：做，做，做，马上做，持续做！

为了让自己的奋斗不孤单，可以加入各类成长社群和线上课程，这个时候你就会发现你原来所在的圈子太小了，同事和周围人的目光有多么短小，世界上渴望提升、寻找人生价值的人太多了，他们才是真正同你志同道合的人，和他们在一起互相鼓励，才会更温暖。

自然，要永远相信坚持的力量，只有坚持的加持，执行力才能彰显更大的价值。幸运从来只光顾持续努力的人，用最孤独的时光雕塑出最好的自己，咬牙坚持下来，才知道自己能走这么远的路，而所有的艰难，都将变成生命的礼物。

在生活中的不幸面前，有没有坚强刚毅的性格，从某种意义上说，是区别伟人与庸人的标志之一。巴尔扎克说："苦难对于一个天才是一块垫脚石，对于能干的人是一笔财富，而对于庸人却是一道万丈深渊。"有的人在厄运和不幸面前，不屈服，不后退，不动摇，顽强地同命运抗争，因而在重重困难中冲开一条通向胜利的路，成了征服困难的英雄和掌握自己命运的主人。

第三章

精进之道：核心竞争力决定实战效率

　　核心竞争力是企业和个人所特有的、能够经得起时间考验的、具有延展性，并且是竞争对手难以模仿的技术或能力。工欲善其事，必先利其器。一个人一旦拥有了某种或某些核心竞争力，无论是在工作中还是在生活中就能优于常人，就能立于不败之地，效率自然也就随之提高。所以，核心竞争力是提升效率的关键因素之一。

找到人生的方向后，还要干什么

前几天一个小妹妹给我留言，说她已经研究生毕业了，并且拿到了心仪公司的 offer，但是却忽然感到迷茫，不知道接下来该做什么了。

看了她的留言我大吃一惊。拿到自己心仪公司的入场券是多快乐的一件事，美好的人生将在她的面前铺开，怎么会突然觉得迷茫了呢？后来听了小妹妹的陈述我才知道问题出在了哪里。这个妹妹小时候的梦想就是能上大学，并且去一家大公司上班，为此她没少付出努力，说拼尽全力也不为过了。终于一路过关斩将地考上了大学，读完了研究生，通过了公司的考核，但是她的人生规划里，从来没想过上了大公司上班以后会怎么样。她天真地认为到大公司上班就是她人生的顶峰了。既然都已经站在山顶了，谁还想着接着登山呢，况且往哪里登呢？不知道往哪里登，等于又没有了方向，怎么可能不迷茫？

很多时候，我们找到人生方向之后，不知道自己做什么。这其

效率模式：如何高效地过好每一天

实是我们的一个常态。就像有的大学生，初高中的时候，他们的人生目标和方向就是考上一个好大学，但是真正坐到大学的课堂上了，他们却又不知道自己该干什么了，以为大学就是自己的人生终点，于是通宵追剧、打游戏以及谈恋爱成了大学生活的常态。但是他们弄错了，大学不是人生的终点，而应该是人生的开始。

选择人生的方向也一样。找到了人生的方向，不是你人生的终点，而是你新人生的起点。人生如登山，世上有无数的山峰，人生也是一样，也有无数的山峰需要我们去攀爬，并不是登上一座山峰就是终点了，人生的奋斗史永远没有终点和尽头。可是有的人却和这位小妹妹或者踏进大学校园的部分大学生一样，找到了人生方向之后，不知道自己该做什么。

那么找到方向了，还需要做什么呢？

1. 阅读专业书籍，为你实现人生目标修炼一双翅膀

找到目标和真正的实现目标还有一段的距离，这个距离甚至会很漫长。这段距离是需要我们通过努力来跨越的。而跨越的最佳方式就是学习，而学习的最有效方式就是阅读。

这个时候你看的书，不应该是平时用于消遣的浅阅读读物，而应是些专业性的书籍。因为无论什么时候，实践都是和理论相结合的。我们找到了这个目标，要想在这个领域成为不可替代的人，只有用专业书籍来提高素养，才能让你更精进。

比如你想从事销售工作，并想在这个领域有一番作为，那么你

要看的书籍就应该是营销方面的书。书籍的智慧是无穷的，用前人的经验和书中的智慧充实你的大脑，培养你的核心竞争力，你才有可能在这个领域游刃有余。

培养核心竞争力，就是要你有优于别人的能力。这份优于别人的能力，一大部分就来源于你的专业性，因为专业，才优越，才无可替代。阅读这些专业书籍能提升你的专业水准，进而提升你的能力和价值。

2. 行动起来，不要仅仅说梦想，还要有动作

想和做从来都是两回事。梦想和行动也永远是两回事。世上有梦想的人很多，但是实现的很少，是因为大部分人的梦想停留在嘴上，只有少部分人的梦想是在行动中。

所以确定了人生的方向之后，还要行动起来，如此才能到达梦想的彼岸。

凡事预则立，不预则废。做什么事有了计划就容易取得好的结果，反之则不然，做事情有没有计划对你的效率有着深刻的影响。

另外，做事情没有计划，很容易被外界的事务所影响，做计划的时候，把需要做的考虑得越详细越好。只有步步都考虑周全，才能运筹帷幄。比如你的方向是音乐领域，你又没系统学过相关的知识，那么你需要做的就是先系统学习一下，最好进专业院校，之后抓住一切可以锻炼和学习的机会历练，结识志同道合的人，融入相应的圈子，摸索适合自己的风格等。这些环节就像一个个小扣子，

哪一个环节出了问题，都会影响到目标的完成。

所以你要对它们有具体的规划，比如在第一年学乐理知识，第二年练习并且摸索风格，第三年结识圈内人，寻找机会，第四年找到合作人出唱片。把任务落实到每一年，执行起来才更明确，而且告诉自己马上行动。

3. 及时调整方向

虽然说做什么事情都要有始有终，但是因为人生不是直线，也不可能一直顺畅下去，所以在选择人生方向这样重大的事情上，需要随时随地做出调整。

不要以为调整目标是多么丢人的事，人生就是不断试错的过程，那些功成名就的大人物，都是需要一次次调整目标才最终取得成功的。

诺贝尔化学奖获得者奥托·瓦拉赫在上中学的时候，父母为他选择的是文学之路。但是瓦拉赫在文学课上表现得并不好，经常被老师指责。他又开始去学画画，但是同样没画好，最后他放弃了画画。之后转学化学，这次他成功了，获得了诺贝尔化学奖。要不是他一次次调整自己的目标，诺贝尔奖也不会与他有缘。

如果你设定的人生目标成功了，证明你的人生目标是正确的，是符合你的实际的，不需要调整，你只需要在这个基础上继续奋进即可。但是如果你设定的目标，经过你的努力也没有成功，证明你设定的目标对你来说是有些难度的，或者这个方向可能对你来说不太合适，这个时候就需要做出调整。

人生不怕走错路，就怕你走错路了，还不愿意改。虽然说人生的选择没有绝对的对错，但是适合你的才是最好的。即使到达了一个山顶，也不是终点，而是起点，前面还有许多的高山等着你攀登。

精进要有死磕精神

不疯不成魔，有一个听书主播就是把这不疯不成魔的精神发挥到极致。

因为喜欢听和看悬疑小说，他在"喜玛拉雅听书"平台开了一个账号做平台主播，播讲悬疑小说。有一个小说讲的是一个声音嘶哑的人的回忆录，他觉得用嘶哑的声音播出才能达到那种效果，于是每天播讲前都要声嘶力竭地唱一个小时的歌，把嗓子唱哑再播讲。而每次上传的音频，都要反复收听修改好几遍。有时候三分钟的音频要录上六个小时，什么时候他听着舒服了，感觉满意了才上传。

有一年夏天，他为了保证一部小说的录音效果，一夏天没开窗户，家里人以为他出了毛病，险些把他送到医院。因为这种死磕，他成了喜玛朗雅最受欢迎的悬疑主播，粉丝已经到六十多万了，赚的钱就更不用说了，早已经月入过十万了。

他仅仅是一个初中毕业生，刚做主播的时候，在一个小镇子上。

没做主播的时候，家里的亲戚要帮他找一个修车的师傅带着他学学手艺，以便以后能养家糊口。

在一次采访中他说："当时我知道如果我不努力点，就要走亲戚说的路，在这个小镇子上窝着过一生了，所以我告诉自己必须做好，做到极致，做出来才能打造属于自己的一片天。"

以前总听人说打天下，打天下，死磕的人何尝不是用这种死磕的精神为自己打一片天下。经常听见有人在抱怨老天不公平，给了他人很好的命运和机会，其实真不是老天眷顾他们，善待他们，而是他们有一种近乎自虐的死磕精神。人的成长是充满艰辛的，尤其是还想提升自己，让自己活得有价值，艰辛就会增加数倍，甚至数十倍。这个时候有两条路。一条是退路，一条是前进的路。如果你想退，非常好办，停止不前就够了。但是如果你想继续前进，就要付出心血和代价，那么，死磕精神就是必需的，它能让你在擅长的领域出类拔萃。老天总是眷顾勤奋而执着的人，这个主播勤奋而又执着，理应该得到奖赏。

2017 年，国产剧最火的影片非《战狼 2》莫属。首日上映即破了华语电影单日票房纪录，接着一发不可收，以单周 20 亿的票房又破了华语电影周票房纪录。最终累计票房为 56.8 亿元人民币，已经超过此前狂扫 26.94 亿票房的好莱坞大片《速度与激情 8》，简直是火得一塌糊涂。影片的导演吴京也是和命运死磕的人，甚至他和命运死磕二十年。

吴京出身于武术世家，6 岁开始跟李连杰的师父陈斌学习武术。凭着对武术的喜爱、天赋以及刻苦的努力，吴京 8 岁就开始拿各种武术大赛的冠军。不幸的是，14 岁那年，练功时腰部肌肉扭伤，后来急剧恶化成下肢瘫痪。这一年他被医生告知这辈子可能要在轮椅上度过。这对于 14 岁的少年无异于晴天霹雳，所有人都认为他这辈子可能站不起来了。

　　他不甘命运的捉弄，选择和命运死磕，躺在床上，下肢不能动，他便用上肢进行训练恢复，努力了两个多月，艰难迈出了第一步，又努力了半个月，他开始了下地走路，完全恢复后，他重新回到了武术队。谁知道命运再次给他开了一个玩笑，17 岁的时候，他的右腿断了，医生又一次告知他不适合接受高强度的训练了，随后他从冠军班被调到了普通运动班，随着这次的调动，他世界冠军的梦又碎了。

　　然而他没有放弃梦想，他懂武术，爱武术，于是，他选择在武术里死磕，在身体的允许下勤加练习。21 岁那年，吴京出演了生平的第一部电影《功夫小子闯情关》，正式以打星身份进入演艺圈，之后，他出演了多部电视剧。期间，因为对自己严格要求，坚决不用替身，导致伤病不断：拍摄《太极宗师》时，打断了手指；拍摄《小李飞刀》时，炸伤了眼睛。可就是这样，他仍没能从当时内地众多演技派中脱颖而出，跻身成为一线明星。

　　他选择重新开始，与命运死磕到底。这次他的起点是香港，因

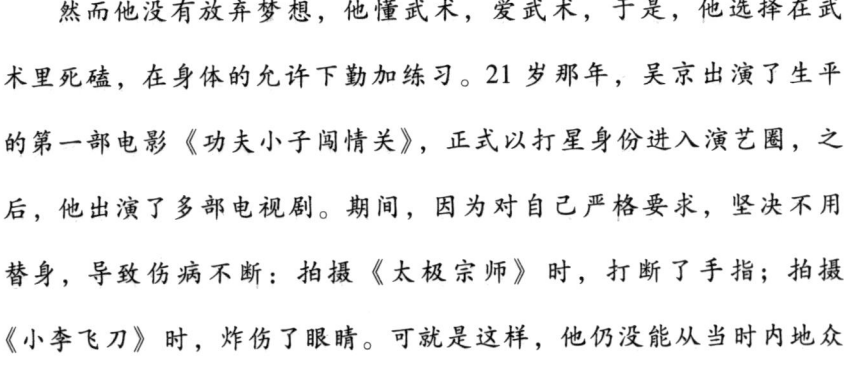

为，他是看着李连杰、成龙的电影长大，他不顾家人的反对去了香港。之后他看着师兄李连杰香港爆红，转战好莱坞；他看着成龙缔造出自己的动作电影世界。他想：我一定也可以创造出自己的动作时代。到了香港，一切得从头开始。有一天《杀破狼》的导演找他客串一个角色，他觉得这是一个机会，接受了导演的邀请，扮演一个杀手阿杰，全程只有一句对白。虽然只有一句台词，但是他也认真看剧本，揣摩剧中人物特点，尤其是练"阿杰"凶狠凌厉的眼睛和刀刀肉搏的触目惊心的动作。结果靠着这个眼神和动作，观众记住了他。

由于《战狼》的成功，拍摄《战狼2》时，投资人很愿意出钱，但提出了个要求："得用一批小鲜肉，这样才有流量。"

吴京回答："不行，我只选对的人。"了解了吴京的倔强与死磕，最后，投资方妥协了。这次《战狼2》的拍摄，他比之前还拼命，差点丧命。根据剧情需要，他要将身体沉入水中两三分钟，拍水中连贯的打戏，为此，他身背重重的铅块，让自己迅速下沉，在水中拍摄打斗场面。只要有一点不满意的地方，视觉冲击差，或是动作不连贯，他都要求重拍。那次他怎么都觉得不满意，重拍了无数遍。不断重拍的他，实在是太累了，身上的铅块拽着他急速下沉，幸好救生员及时赶到，把他救上了岸。整个拍摄过程中，受伤不断，打断手指、炸伤眼睛、弄折鼻子，全身缝了100多针……

努力到无能为力，拼搏到感动自己！吴京靠着死磕精神终于迎来了自己的"动作时代"。

上帝的眼睛是雪亮的，无时无刻不在洞察着每个人对梦想的真诚与执着，在计算着每个人为梦想所付出的代价与努力。一旦你足够努力，他便会用足以与你的付出与努力相匹配的奖赏来馈赠你。

相信一万小时定律

相信大家都听过一万小时定律，即想把某一项技能做到极致，成为某个行业的专家，至少要经过一万个小时的学习和实践。打造核心技能就是把自己需要精进的技能，进行超过一万个小时以上的学习和训练。

世界首富比尔·盖茨的故事完全印证了"一万小时定律"。比尔·盖茨在大学二年级从哈佛大学退学并决定创立自己的软件公司之前，就因为种种机遇和自己的努力，长期得到免费用电脑的机会，之后无间断地编写了七年的程序，积累的时间远远超过了一万小时。

一万个小时，听起来很宏大。但是仔细拆解开来就是每天用三个小时，大约十年的时间，就能把一项技能提升到专家的水准。

现实是，只要你每天三小时不间断地练习，不需要十年，三年就足以把你的特长变成你的硬本领。最主要的是你要持之以恒，不间断地练习。

我认识一个讲师，就是用了三年的时间把自己从一个英语小白修炼成一个英语高手的。她当时在一家小公司做策划，觉得没有多少前途，就想学一项其他的技能，以便于以后的发展。大学的时候她就知道有不少人都因为会说一口流利的英语，进了大公司，所以决定也开始学英语。她自然也听过一万小时定律，知道要学会一项技能必须持之以恒，就给自己制订了一个学英语的计划。每天早晨起床学两个小时英语，每天晚上睡觉前再对白天学的英语进行复习，把没有掌握的弄通弄懂，顺便确定第二天早上的学习内容，大约需要一个小时的时间吧。为了保证自己学习的时间充分，她将早上起床的时间做了调整，把早晨七点起床，调整到了五点，整整多出了两个小时的时间，这两个小时足够让她把一篇英语文章读得流畅。

为了一万小时定律，她不放弃一个能锻炼自己的机会。掌握了一定的词汇量和技巧之后，到朋友开的一家幼儿语言学校做助教老师，和学校的外教老师做面对面的交流。这个办法让她的英语水平突飞猛进，不到三年的时间就已经能说一口流利的英语，之后如愿以偿地应聘到了一家培训学校讲师的工作。

我们学会的技能，如果不运用到实际中，就没有太大的意义，因为我们学会的技能就是为我们所用的，有什么方法让自己进步更快呢？方法当然是不放过任何一个锻炼的机会，在实际生活中历练。

丘吉尔年轻时说话结巴，口齿不清，根本就不是演说家的材料，可是他最大的梦想就是成为一个演说家。他不仅在嘴里放上东西练习发音，还对着空谷练习演讲技巧，只要有当众讲话的机会，他就登台讲话，后来终于成了出色的演说家。

在梦想这条路上，没有什么是不可能的，勤能补拙是永远颠扑不破的真理。

想让你这一万小时定律发挥效率，还要勇于走出舒适区。

经过十几年或者是几十年的生活，我们已经养成了一定习惯。这些习惯，有的是有利于我们人生成长的好习惯，也有不利于我们成长的坏习惯。既然想打造你的竞争力，把技能变成我们的真本领和硬本领，就要有勇气向过去说不，走出舒适区。

待在自己的舒服区的想法和上进的想法激烈斗争的时候，人就会感到痛苦，因为走出自己的舒适区，就意味着需要尝试一些不一样的事情，这些事情超出你的能力范围，就有可能导致失败，人就会感到焦虑和不安，很多人因为害怕失败或者承受不了焦虑不安，就会退回自己的舒适区，重新寻找安全的感觉。

就像有些人，习惯了每天上班干活，下班刷网页微博的日子，如果要他每天下班了还看书学习或者考试，他一定会比较难受。

但是一万小时定律就要打破这个常规。你需要调整你的身体，让它适应你的前进节奏。

《每天最重要的两小时》的作者乔西·戴维斯博士说，人不应该让大脑去做你突然想做的事，而应该去做重要的事。所以每天当你想打一局王者荣耀，逛淘宝网站的时候，你要想一下自己这样做有没有必要。

在让自己变得厉害的这条路上，可以说一万小时定律是最行之有效的方法，不过一万小时定律不仅仅只是执行那么简单，还应该学会一个反馈机制，学了一段时间之后，对你的学习进行一次总结，检验一下自己的学习效果，看看与自己的预期有多少差距，以便于随时调整。

在我们想要学习某项技能这个大方向不变的情况下，调整你的学习节奏和学习方法也是学习过程中必不可少的，不然不仅容易走错路，还容易中途放弃。

反馈机制有两个方面，一是对自己这段时间以来学习的归纳和总结；另一个是对以后学习计划的调整和展望。人在成长的过程中，尤其是想让自己变得与众不同的过程中，是需要很多能力来调控的，比如学习能力、阅读能力、知识归纳能力以及调控能力等。我们都要进行一个归纳和总结，看看自己在哪方面精进了。

通过一段学习，发现你已经熟练掌握了某些技能，我们可以增加一些难度，把新的知识点融入这里面去，在这个基础上进行提升，以便我们走得越来越远，不至于原地踏步。

说到一万小时定律，大家会很容易被吓到，认为时间太久，没有办法坚持下来，因为坚持是世界上最难的事。而坚持到底有多难，相信大家都有发言权，制订了跑步计划，可是刚跑了两天，天空刮起了风，还下了小雨，于是跑步计划不得不取消；说好了晚餐少吃一点儿，没实施几天身体就跟着捣乱，先是胃空落落的，不舒服，接着浑身像被抽了筋骨没力气，然后医生和家人一再建议还是不要自己虐自己，减不了肥能怎么样，身体好比什么都强，于是减肥计划无疾而终……

但是坚持其实也并不是一件难事。每天上班下班，每天早起做早餐，晚上做家务，虽然是生活的常态，不也是靠着坚持才形成规律和习惯的吗？有谁一出生就自带了做家务、照顾人，或者认真工作的光环，都是一路走一路学，逐渐学习而成的。

小事琐事如此，大事呢，是不是也都可以内化成习惯？反过来，把事情当成习惯来做，真的没有那样难。

缺乏热情，打造竞争力是一句空谈

修炼硬本领，打造自己的核心竞争力，除了有坚持下去的决心外，还需要保持足够的学习热情，让自己总是充满激情。

超级演说家刘媛媛从山村考上了北大，又成了《超级演说家》第二季的冠军，创办了自己的文化公司，完成了人生的逆袭就说明了这个道理。

在参加《超级演说家》之前，刘媛媛从来没有参加过演讲，甚至都没有登上过大一点儿的舞台。为了胜出，她找来了许多演讲视频，一个个去看，模仿人家的手势动作，模仿人家的语言技法，最终获得了冠军。从始至终，她的身上总有一股强大的学习热情，正是这股热情，让她摸到了成功的大门。

她说想要逆袭，需要一项能力的话，那么这项能力就是要永远对学习有激情。

她的这段话在我的一个记者朋友身上得到了验证。这个记者朋友并不是科班出身，是因为擅长写稿子被杂志社破格录用的。写稿子和做记者虽然都是做文字工作，但是性质是不太相同的。记者需要采访，需要学习各种知识。她除了有驾驭文字的能力，其余都是欠缺的，所以上班第一天她就买回来一大堆相关的书籍。在单位时如果自己手里没事，哪位老师出现场跑新闻她都请求跟着去，还经常向各位前辈请教问题，之后写稿、编稿，每一项都做得兴致勃勃，短短半年时间就由一个杂志新人变成了老记者，成了杂志社的传奇。

她胜在了对学习有强大的激情上。什么事情都一样，只有有激情，才能迸发热情，才能学有所成。

对学习有激情，其实是一种卓越的自我学习能力，可以让你触类旁通，迅速掌握一门全新领域的技能，在激烈的角逐中保持清醒的头脑，对自己的发展格局运筹帷幄，还保持着积极向上的心态。

复旦校长杨家福说，在信息更新迅速的现代，能拉开人和人之间距离的，不在于掌握了多少信息，而在于迅速吸收新信息的能力，而这些能力就是学习能力。

活到老，学到老，无论何时何地，永远不要停止学习。因为今天的知识，明天就会过时。如果我们停止学习，就会停滞不前。而最惨烈的竞争往往就发生在你的知识、资讯鞭长莫及的时候。

那么怎么样让自己永远保持热情呢？

1. 培养良好的生活习惯

人一天工作下来之后会非常疲惫。如果没有良好的生活习惯，很可能会对自己妥协，把学习计划订得再完美，也不一定能顺利地执行下去，但是如果你有良好的生活习惯，比如早睡早起，就能给学习腾出专门的不被打扰的时间，以保证学习效果。

不管你承不承认，做什么事情都是需要激励的，希望看到自己付出得到回报。这个激励会让你对自己有信心，更能让你把学习这件事情坚持下去。

2. 要有强大的控制力

现在我们处在信息爆炸的时代，有很多事物搅扰我们的心神，如果没有强大的控制力，就会偏离自己设定的轨道。保持足够的学习热情不等于对任何事情都要有强大的好奇心。对什么都好奇，会让你不知道自己，找不准方向，重回没有效率的旋涡。

有的人有随时查阅资料的习惯，如果你的意志力特别强大的话，这个方法是个好习惯；如果没有强大的意志力，最好是先找齐资料，准备充分了再开始工作，因为这样不至于太分心。如果必须查资料的话，最好是查纸质的资料，尤其是避免用手机查找资料。因为手

机就是一个小型的万花筒，有太多让我们分神的东西，即使你不点开，它也会分散你的注意力。

3. 要学会阅读

学习任何一项知识或者技能，阅读是最有效的方法之一。书中有前人的智慧，会很好地指引我们。但是现在同类的书籍太多，我们要懂得选择，应该选择对我们最有帮助的，不然盲目地读下去，一样是浪费时间，不仅对我们的人生无益，还会扰乱自己的学习。

读书是最好的学习之路，但也是有方法的。一般可以分为精读、速度细读和欣赏。不是每本书都需要逐字逐句地去阅读，而是要选择合适的方法，迅速吸收书中营养，帮助我们提升。

不同的书籍阅读方式也不一样。专业技术性强的书和文学娱乐类的书籍，它们的阅读方式是不一样的，专业性书籍需要精读，吃透里面的内涵，深刻理解才能读好。而文学娱乐类书籍，可以泛读，遇到写得比较好的段落句子可以停下来细细品味。

我们要认真选择适合自己的书，不要跟风读书，因为读书是为了让自己变得更好，而不是为了迎合别人。读一本好书，才能真正学到有用的知识。选择书时可以看看别人的阅读评论，可以先快速浏览一遍，看是否合适自己。

4. 保护自己的兴趣

无论我们做什么，总会有一些异样的声音。尤其是在周围的人都散漫地享受生活的时候，我们努力学习、积极向上的样子，在他们看来是非常难以理解的，于是他们就会用各种各样的语言或者行为干扰我们。除了坚信自己，保持足够的热情外，我们还要保护自己的兴趣。

学会远离不适合你坚持下去的负能量，也是你修炼硬本领的一个锦囊。这会让你不被坏情绪干扰，从而保持你的"战斗力。"

一定要掌握一项硬本领

端午小长假，远在杭州工作的弟弟回家就给了我们全家一个非常沉闷的坏消息，他失业了。让他气愤不已也想不明白的是，公司的清洁工没有被裁员，而他这个设计室的设计师却被通知端午节之后不用再来上班了。看着他一脸抑郁难过的样子，我心疼地帮他查找原因。在排除了他工作出现过失误，给公司造成了无法弥补的损失和他工作态度不好，在领导那里留下了污点之后，我终于找到了他被裁掉的原因。他们设计室有三名设计师，其他两个一个设计极富创意，每次都能得到客户的夸赞，满意度几乎是百分之百，另一个设计思路新奇，尤其深得新生代客户的喜爱，唯有弟弟，设计得中规中矩，没有特别出色的地方，也挑不出太多的毛病。当公司没有太多业务，需要裁减设计师时，他没有专长，自然就是难逃被裁的命运了。

用一句话概括，他没有核心竞争力。核心竞争力，最关键的一点是你要至少有一项硬本领，就是常言所说的要有两把刷子。

什么是硬本领？即安身立命之长。就是说这项硬本领是我们专长和特长的。

那么为什么是至少呢？因为人的能力不同，兴趣爱好不同，接纳事物的程度不同。兴趣宽泛，学习和接纳能力强的人可以同时拥有好几项硬本领，并且每项硬本领都可以掌握得特别好，像现在流行的斜杠青年、斜杠大咖，他们都有三种或三种以上的硬本领，并且每一种硬本领都做得十分出色，但兴趣爱好专一的人可能只有一项硬本领。不过不管属于哪类人，每个人必须至少有一项拿得出手的本领，才能在这个社会上立足。那么，怎样掌握一项硬本领呢？

1. 确定你想掌握的硬本领

俗话说，三百六十行，行行出状元。世上的行业有三百六十行之多，硬本领更是不计其数。像确定人生目标一样，你要修炼硬本领，一定要先确定你想要掌握的硬本领是什么？

我的一个朋友小梦是一名销售，不过她一直认为批发式销售才是最厉害的销售，可以节约时间，还可以迅速地收拢人心，并且站在众人面前演说还有种站在炫目舞台上的感觉，于是决定把修炼当众演讲能力作为自己的硬本领。而我认识的另一个朋友，他选择修炼的硬本领是散打能力。

修炼硬本领没有什么硬性的标准，主要是你最擅长的，或你最想学习的。比如你的英语好，你就可以把英语作为你的硬本领来修炼，如果你想学习写作，你也可以把学习写作作为你硬本领的目标。

2. 制订硬本领修炼计划

制订修炼计划，我们可以用目标倒推法。就是说，先想好你修炼的这项硬本领，想要达到什么样的成绩，再回过头来，详细地制订你的修炼计划。

前面提到的朋友小梦，她选定了修炼自己当众演讲的这项硬本领之后，马上总结了一下自己演讲出现的问题：语速太快，吐字不是很清晰，有浓厚的家乡口音，逻辑思维差，说话不连贯，台风控制得不是很好，随后制订了自己的修炼计划：（1）报读演讲班，由老师给自己进行指导；（2）每天早上进行40分钟演讲练习；（3）抓住机会，在早会上面实练；（4）学着做思维导图，锻炼逻辑思维；（5）每天听逻辑思维60秒。

她按照自己制订的这个修炼计划修炼，如今过去了大半年，水平已经上了一个大台阶。

还有一种制订计划的方法是循序渐进，一步一步台阶法。这个方法是当你确定了想要修炼的硬本领之后，不考虑以后要达到什么高度，而是从最基本的点练起。比如你想修炼写作这项技能，你就可以给自己制订一个计划，从基础来，每天先让自己写500字，再写1000字，逐级增加。

只要你下定决心修炼硬本领，你就要有心理承受能力，因为每

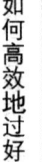

项硬本领的修炼过程都是艰辛的，都需要付出很多汗水与努力。

我们修炼的时候就要弄清楚弄明白硬本领的各个细节，不要给你的硬本领留下硬伤。不是每个本领都能称为硬本领的，硬本领是真正拿得出、叫得响的本领，在所有拥有这项硬本领的人中不力争华盖，也要力压群雄。

3. 马上付诸行动

这是掌握一项硬本领的最主要环节，也是最容易出现问题的环节。因为不论做什么事情，都需要有时间，尤其是想修炼过人本领的时候，时间是一个大考验。古代人练功的时候都讲究"冬练三九，夏练三伏"，修炼硬本领也是一样。

硬本领仅仅修炼还不够，我们还需要掌握。

怎么叫掌握呢？就是能熟练地把硬本领应用出来。比如说你修炼的硬本领是演讲，那么你就要给自己一个演讲的舞台。

一个年轻人问他的演讲老师："都说你演讲得好，为什么我跟你学了这么久，什么都没有学到？"老师没有直接回答，而是反问他学习到现在他进行了几次演讲。年轻人告诉他，因为自己一直胆小，怕面对观众，所以到现在为止，还一次都没在公开场合演讲过。听了这话，老师点了点头对他说："现在我可以告诉你，你为什么感觉没有学到东西了，你不能把你的所学用到实际中去，那么你学得再多也没有意义，等同于没学。"

我们学任何东西，最主要的目的是应用。如果总是不能应用到实际中去，学了再多的知识，懂得再多的道理，都是纸上谈兵。这也就回答了网络上的那句话：为什么你懂得那么多，还过不好你的一生。

我们再回头看掌握硬本领的几个步骤：先确定下你的硬本领目标，制订详细的修炼硬本领的计划，然后沉下心来，用坚强的意志执行你的计划。

为什么用"沉下心来"和"坚强的意志"，因为修炼硬本领是一门硬功夫，需要耗费大量的时间和精力，心浮气躁，没有坚强的意志是不能胜任的。

第四章

提升法则：高效能人士都有所遵循

你想没想过卓有成效过一生？高效能是提高生命质量，让你卓有成效过一生的金钥匙。它能让你在繁杂的工作和琐碎的生活中得心应手。不过金钥匙都需要淬炼，只有掌握了高效能的淬炼锦囊，才能获得这把金钥匙，开启卓有成效的一生。

远离社交媒体，把握好社交底线

你遇没遇到这样的状况：正专心致志地工作，清脆悦耳的手机提示音一下子把你从工作中拉了出来；正埋头在电脑上制作表格，电脑右下角跳出的小企鹅一下子让你停住了手中的鼠标？如果问现在什么最能分散你的注意力，答案一定是社交媒体。

虽然智能产品和社交媒体已经成了大家生活中不可缺少的东西，但是从高性能提升上面来说，智能产品是第一个阻碍我们向高效能迈进的阻力。

《悠游度过一天的 24 小时》这本书有段话很形象地说明了这个问题。书上说：早晨明明有 30 分钟可以利用，你可以看看书，写一下今天的工作计划，但是你刷起了手机；晚饭后的两小时是很完整的一大块时间，你可以做一些提升你能力或者水平的事情，但是碰巧一个网友找你问一个事情，于是你极热情地陪他天南海北地聊了好久……不得不说，智能产品给我们带来诸多便利的时候，也给我们带来了很多的烦恼，而且这烦恼比便利要多得多。

　　这个事情真的不是危言耸听。估计几乎每个人都有被电子产品诱惑的经历。也因为电子产品和社交媒体的诱惑，不知道从什么时候起，我们成了天下最忙的人，也成了最被人关注的人，每天都有人在网络上和你打招呼，每天都有人对你说的话做出回应，你一下子成了名人和红人。

　　我的朋友小敏是一个网络主播，每天的工作就是坐在电脑前面开直播。刚开始做主播的时候只是抱着玩玩心理，后来随着粉丝的增多，野心就膨胀了起来，想把自己的号做大。直播是粉丝效应，于是她更多的时间不是只做直播内容，而是在后台回复粉丝的消息。突然有一天她向我们大倒苦水，每天回复那些无聊的话怎么总有一种浪费时间的感觉呢？我们没有人给出答案，因为我们没有人有过这种被粉丝前呼后拥的感觉，还狠狠地酸了她一把，谁知道向我们吐苦水没多久，她果断地关掉了直播。她的解释是，如果再不关掉的话，自己都不会做其他的事了。她不仅关掉了直播平台，还把各种社交应用都卸载了。她说，社交媒体是便捷，但是便捷之后，我们好像不能好好地面对现实生活了。

　　亚历克斯·金·庞是一名哲学博士，也是著名畅销书《分心成瘾》的作者。他经过多年的研究，在新书中分享过几个应该远离社交媒体的信号。

　　第一，你花了大量的时间和精力，做了精美的蛋糕，或者是插花，但仅仅为了发张照片。

第二，如果你不发推文或者是美拍，你就没有心思精心打扮自己。

第三，热衷于把生活中的点点滴滴都公布到网络之上，把自己活成了一个透明人。

第四，像强迫症一样，迫切想知道社交媒体软件中朋友们的动态。

第五，当手机不在身边的时候，感觉到异常的焦虑。

大家可以回过头来看看这几点。哪一点我们中招了，中了几个呢？

现在有越来越多的数据表明，我们已经被智能设备绑架了，它们已经快成了我们身体的一个部分，一旦远离了身边，你一定会非常难受。甚至有人就此事提出了一个非常可怕的说法，说它们已经成了人们的一个器官。

美国脑神经专家指出，不是玩电子产品成瘾，是这些产品已经控制了一部分脑神经，让我们变得依恋它们。听起来真的有些恐怖，那就听任社交媒体扰乱我们的生活？当然不。有一个词叫壮士断腕，理智的人都知道其中的要害，会断然把自己拉离。但是强行的拉离有效吗？

答案是否定的。做什么事情都要讲究方式和方法。把自己强行拽离媒体软件并不是很好的办法，更好的办法是循序渐进，让自己一点点心甘情愿地远离社交媒体。那么，有什么具体的方法让我们理性面对社交媒体呢？

1. 在特定的时间使用社交媒体

每天留出特定的时间给这些社交媒体软件，如晚饭后的半个小时、中午午休时间等。就像戒除烟瘾和毒瘾，要一点点减量，而不是一次性戒除。

这么做的同时，你最好给自己全天的日程做一个系统的安排。包括什么时候早饭、什么时候上班、什么时候睡觉等一些生活日常，看看你所设立的专门特定的那段时间和这些时间有没有冲突。如果有冲突的话，再做好调整。

2. 修炼自己强大的意志力

协调好时间，接下来就是考验你意志力的时候了。网络上流行的这些社交媒体软件，除了最基本的通信联络之外，还增加了推荐功能，不定时在线推出内容，而它推荐的内容都是我们喜欢的或者感兴趣的，并且是沉浸式的推送，你打开这条，下一条马上过来，如果没有足够的意志力，根本就停不下来。

这个时候，你就需要有强大的意志力。如果实在没有强大的意志力，又想离开社交媒体，可以给自己建立一个惩罚机制，比如今天没遵守设定的时间明天就不许用这些媒体。你可以规定自己每天只用半个小时的时间，如果超过了一次就罚自己一个月不买衣服，以罚代惩，让自己接受教训。自然做这些还需要你有强大的执行力，以便监督你认真执行。

3. 尝试关闭社交媒体

上面两项你都进行得顺利的话，就开始接受暂时关闭社交媒体的挑战。比如一个星期不用微信、一个月不用网络账号等。作为撒手锏，这个环节有一定的难度，所以不仅要有惩罚机制，还要有奖励机制。如给自己买一套心仪许久的原版书、奖励自己一次渴望许久的旅行等。不少人都是用这个办法挑战自己，让自己不依赖社交媒体的。一个朋友给我讲了她一个星期不用微信的挑战。刚开始的那两天特别难熬，自己像丢了心一样，隔一会儿就想找手机点账号，但那是徒劳的，手机已经被她藏起来了。实在没有办法，她捡起来绣了一半的十字绣，以排解用不到网络的焦灼。到第三天就好多了，不那样抓心地想着微信，而是做完所有杂务之后就坐下来绣十字绣。到第七天的时候手机放在她的面前，她也不为所动了。虽然微信她现在也用，但是不是像以前一样没事就点开看，而是有事情才拿起来，仅仅把微信当成了一种通信工具。

远离社交媒体不是不用，是不依赖。社会在进步，我们没有理由不运用新产品，只是社交媒体仅仅是工具，不能让它反客为主地把我们"绑架"。

用这个方法把自己拉离网络和社交媒体的时候，你不用担心错过了什么重要的信息，因为我朋友告诉我，那一次挑战她并没有发现错过什么。对话框里面也有人找，但都是无关紧要的一些事情。这些事情晚回一天，早回一天，根本没有什么影响。其实我们每个人都没重要到消失一秒钟世界就大乱的地步，暂时离开社交媒体一阵，天不会塌，世界也不会因为缺了我们而失去色彩。

对自己狠点儿，逃离你的舒适区

"同样的环境，相近的能力，成功的为何不是我？""为什么他成功了，我不行？"这是今天很多人都发出的疑问。

但问题是，能力出众就一定成功吗？事实上，一个有能力的人如果追求安逸，在舒适的状态中自我陶醉，他也会逐渐变成一个懒惰的弱者。现实中，大部分人都具有强者的潜质，却选择了像弱者一样把舒适作为人生的追求。有研究表明沉溺于"舒适区"的人，其行为表现为懒惰、松懈、倦怠和保守，久而久之，会感到迷茫和无助。

舒适区，又称为心理舒适区。在这个区域里，每个人都会觉得舒服、放松、稳定、能够掌控、很有安全感。舒适区就是我们的温柔乡，就因为这份安全感，有许多人愿意沉溺在舒适区里。经常沉溺于"舒适区"的人，会因为感到非常惬意舒服而觉察不到任何真正的压力，没有危机感，甚至会产生自我麻痹感。沉溺于"舒适区"的人还对现状充满着一定的满意度，既没有强烈的改变欲望，也不会主动地付出太多的努力，所有的行为，无非是为了保持舒适的感觉而已。

大家都应该听过温水煮青蛙的寓言。把青蛙放在热水里，青蛙能蹦跳着逃生，把青蛙放在冷水里，再一点点加热，青蛙却觉察不到水变热的危险，最终被烫死。这个寓言明白地告诉我们，舒适区是危险的，处在舒适区的人，就像那只被放在冷水中加热的青蛙，如果不尽早逃离，早晚逃不脱被舒适区杀死的命运。我们大部分人都知道舒适区的危害，但是却很少有人成功从舒适区逃离出去。为什么我们逃离不了舒适区？

因为人人都有趋利避害的性质，都喜欢向对自己有利的一方走，是一种本能。逃离舒适区，就等于把自己放在一个不熟悉的、未知的地方，未知往往意味着各种可能性，可能会遭遇前所未有的失败，也可能会面临难以想象的困境，甚至要重新开辟战场。这些都会给人带来恐惧和不安，所以就甘愿沉浸在舒适区里面，不愿意走出来。

比如每份工作进入了一段时间之后，就会开始逐渐变得适应，然后就会开始产生倦怠。这个时期，在职场中也被称为瓶颈期，但很多人在这个时候，想到的是跳槽。跳槽看似是离开了以前的舒适区，但是如果只是同水平的跳槽，那么你的实力仍然没有提升，你仍然还处于舒适区。跳槽永远不等于逃离舒适区。

那是不是真的不能逃出舒适区呢？当然不是。那些成功逆袭的人，那些有名望的人都是从舒适区里奋力拼搏出来的人。逃离舒适区不是不可能，是我们没做到。那么怎样逃离舒适区呢？

效率模式：如何高效地过好每一天

1. 制造危机感

走出舒适区意味着要改变。人什么时候会想着改变呢？自然是有危机的时候。有一个词说得好，"穷则思变"。不到万不得已的时候，人们是不太愿意做出改变的。所以想要走出舒适区，首先要树立危机感。

王非庶在《只有危机感强烈的人才能生存》里说："危机感同时也是一个人进取心的源泉，是一个人成长发展的重要动力。一个人失去了危机感，就会变得安于现状，裹足不前，等待他的只有被淘汰的命运。"这几年阶级固化论的声音越来越强烈。这令许多处在底层和中层的人有了很强烈的危机感。

不是每个人都有让自己改变的决心的，这个时候要想让自己改变，就要用外在的因素迫使自己做出改变。比如新闻上说国内出现的无人售货的智能超市，国外出现的不用柜台的智能银行，会不会让你有一种危机感，有一天要被智能取代？整天无所事事的你会不会成为被取代的第一批人？部门新调来个员工，小道消息说他过来是要跟你争唯一的主管位置，你是不是会有危机感，下决心把自己的工作做得更好？

如果不能果断地离开舒适区，就先给自己制造一下危机感和紧张感吧。

2. 远离舒适区的源头

舒适区有时是一种习惯。这个舒适区的源头就是那些让我们感到安全舒服的一些行为和习惯。就像不想被手机控制，就把手机放在自己看不见的地方一样，逃离舒适区，也要让自己远离这些温暖的源头。比如下班之后很想在床上躺一会儿，但是躺一会儿就什么也不愿意做，连最基本的做饭、收拾房间都不想做。虽然每次都给下班之后做好了计划表，但是很多时候，因为在床上躺这么一下都成了泡影。所以下班之后就不要躺在床上，甚至不要进卧室，如果你想做饭，就马上进厨房，如果你想看书学习，就进书房，坐在书桌前。逃离舒适区就是你想干什么马上去干。

因为大脑也会察言观色，它很聪明的，很会揣测你的想法，如果你躺在床上，它就知道你需要休息；你坐在书桌前，它就知道你想要学习。所以如果你要想学习或者工作的话，就必须让大脑明白，你要投入工作了，而不是躲在舒适区里面，让大脑懒散下来。

3. 多思考

想要走出舒适区，可以多思考。有的人可能会说，我们每天做的工作都大同小异，甚至可以说是千篇一律，有什么可以思考的呢？

我们可以思考：我为什么要这么做工作？有没有办法让自己的工作更高效？这就相当于上学时候做一道题需要用两种解题方法一样。工作是必须做的，不能改变，但是工作方法是可以变的，可以通过不同的工作方法找到最方便便捷的那个，这些都是需要思考的。

在做好本职工作的前提下，问一下自己可不可以尝试下其他部门的工作。每个人都有不同的潜力，如果只做一项工作的话，能力

会很单一，可以在公司的规定范畴之内，拓展一下自己的工作宽度。

能不能在管理好现有客户的基础上，接触更多的客户呢？细想下来需要思考的事情真的很多。但是因为习惯和懈怠，我们已经丧失了思考的能力，懒得再去思考。前几天在读书会听书，听到了一句让人不寒而栗的话：现在人们最不愿做的事情就是用大脑思考。这句话听起来真让人悲哀。通过思考，才能碰撞出思想的火花，如果不思考，我们和周围的同事有什么区别呢？所以如果你想要走出舒适区的话，先调动你的大脑，让你的大脑活跃起来。

4. 离开阅读舒适区

这句话说出来，大家可能会一头雾水。现在都在倡导阅读，阅读是一件多么美好的事情，是需要付出脑力和心力的，怎么也会有舒适区呢？

有。书籍有轻松的网络文学，还有各种经典名著，还有一些专业类的书籍。那些网络小说和消遣娱乐的小说就是阅读的舒适区。如果时间允许，精力也许可的话，我们尽量看些经典书籍和专业类的书籍，这些对我们的个人提升都有帮助。消遣类的书籍，只能算作餐后的甜点，偶尔为之就可以啦。

其实我们随时都在舒适区里面，因为我们的圈子在扩大，舒适区的范围也在扩大。但不管怎么说，逃离现在所处的环境和现状，给自己一个更广阔的天地和发展空间，是在高效能这条路上必须要做的。如果这些都做不到，只满足在自己的小圈子里面，那么你永远也赢不来高效能人生。

5. 改掉坏习惯

在舒适区待得太久了，又一下子从舒适区里完全走出来，会非常辛苦，也会有难度。可以从改掉自己的坏习惯开始，一点点改进。

比如每天晚饭后你都会坐在沙发上玩一会儿手机，这让你很放松，很舒服。但这不是一个很好的习惯，你想走出舒适区，就要先改掉这个习惯。你可以把这段时间定为你的锻炼时间，每天晚饭后，不是坐在沙发上，而是到健身房或者户外去锻炼。

刚开始你这么做的时候会觉得很不舒服。但是一个好习惯的养成需要21天，只要你坚持21天，你就可以戒掉晚饭后一定玩会儿手机的习惯。

想要自己走出舒适区，可以尝试着从改掉自己身上的坏习惯开始，不能心急，要一项一项来。21天是一个周期。选择想改掉的坏习惯，一定把你的新习惯坚持21天以上。21天就是三周的时间，你也可以把它们分解到每一周，一个星期一个星期地坚持下来，就会觉得容易一些。比如早起，如果让你每天早起或者一个月早起的话，听起来的确有些恐怖，但是你给自己一个小周期，先是坚持一周早起，再把时间延长到两周，之后三周一个月半年，当你半年都能早起的时候，早起这个习惯就已经养成了。

舒适区仅仅是心里的一道防线，当你激发了体内的动能时就能够冲破。

以终为始，从来不半途而废

想要成为高效能人士，还需要有一个必备的习惯，那就是以终为始。

什么是以终为始？以终为始，不是等到事情结束了才开始，而是以你的终极目标为依托马上开始。有的人一定会疑惑，终极目标不是我们最终要达成的目标吗？它怎么能作为起点？

是的，这个终极目标就是我们前面所说的最高的人生目标，也就是你想成为什么样的人，或者将来有什么样的成就。要把这个目标刻在你的脑海里，无论你做什么事情，时刻想着这个目标，并一步一步地向这个目标靠近。这个目标既是你前进的引领，也是你前进路上的动力，会指引你一直向前。

美国纽崔莱公司的创始人卡尔·宏邦，在未成名之前还是一个四处寻求机会的年轻人，做过很多工作。1915 年，他作为一家奶牛公司的商务代表来到上海工作。和当地人交流后，他发现农民大多以新鲜蔬菜和糙米为主食，从来不会患脚气病；而吃精粮的有钱人，反倒容易患这种疾病。这个发现让他眼前一亮，对中药有所研究的他坚信是植物中的某种物质治疗了这种病，便决定开发一种营养素补充剂产品。但是当时中国正值战乱，不便研发，他就回到自己的家乡建了一个小型的实验室，终于在十年之后，研发出第一款调节人体机能的功能性保健食品纽崔莱。

以你人生终点目标为开始，可以让你奋斗得更有方向。

经常听见刚进入社会的年轻人抱怨不知道自己该做什么，找不到前进的方向，这些都是由于没有确定一个明确的人生目标所致。

人生路上遭遇最多的事情就是迷茫。但是如果你有一个明确目标的话，这似乎就是一个能绕开的难题。就像在你面前有两条路，你知道左边那条路是通往你需要去的方向的路，你就不会站在路口茫然无助地想究竟往哪边走。

除了迷茫，自然还有焦虑。以终为始，也能很好地解决你的焦虑问题。虽然焦虑和迷茫不太一样，但也是成长路上的一块绊脚石。迷茫是没有目标，焦虑是心太急。当有了一个贴合你实际情况的终极目标，并为这个目标制订了详细的成长计划，并且能按部就班执行的话，你一般不会遇到焦虑的烦恼。

但是如果没有这个终极目标，而从你现在的现状出发开始呢？也不是不可以，但是走着走着，你就会遇到前面所说的迷茫或者焦虑。因为没有一个大方向的指引，走着走着你就不知道该走向哪里了。完成人生目标的模式应该是先有目标，再寻求方法，而不是你边走边找目标。就像登山，你想登山，一定要找到你想攀登的那座山，最好是站在那座山脚下，做好一切准备工作，再开始登山。

有的人做规划的时候总是从现在的角度考量，认为比现在稍微

强一点儿就好，没有长远的奋斗目标，那么在人生这条赛道上，他不会走得太远。比实际略高一点点的目标，只适合成为小目标。它不是独立的，是阶段性的，一个目标比一个目标增加难度，像金字塔一样，到最后还是要抵达总目标的顶端。总体目标太低的话，就易迷路。

原因不在于他们的执行力不够，是因为没有大的眼光和格局。像我们身边那些安于现状，相信岁月静好的人士，大多属于此类。

每个人有每个人的生活方式，岁月静好，一切安然的生活方式也不是说不好，但是人生这趟旅途中，没好好地奋斗过，任什么时候想起来都会有深深的遗憾。

每年的高考季，网上总会出现一批类似于《当年我没有参加高考》一类的文章，韩寒还曾发文说后悔当年没参加高考。一个在社会上有成绩有地位的人都这么说，何况你我一样的普通人。

"终"是结果，是目标。"始"是开始、出发，就是现在正在做的事。"以终为始"的意思就是，以清楚明确的结果为目标，来决定现在要做的每一件事。那么怎样做到以终为始呢？

1. 先知道自己想要什么

我们不止一次强调要知道自己要什么，这在高效能晋级中非常重要。想清楚自己要什么之后，你可以给自己列一个梦想清单，再把这个梦想清单细化。我们可以把时间分成几个时段，比如十年一个时间段，或者五年一个时间段。在制订分目标计划的时候，就可以具体到这个时间段内，比如十年内要达到一个什么结果？五年内达到一个什么结果？再具体细化，细化到每年做什么，每个月做什么，每周做什么，最后到每天做什么。这个每天做什么就是以终为始那个"始"。我们要着手做的就是循序渐进地一项一项完成每天所需要做的任务。

2. 给自己做一个效率手册

把总目标以及各个时段的目标都列在里面，然后对照着来操作。每天对照着做的时候一定要做记录，这样能更好地监督自己。一个没有人生目标的人，一生都在为别人努力；有目标的人，才能活出自己的人生。

世界上没有一件事情是一帆风顺的，任何事情的成功，都需要时间的考验。

马云刚创业的时候状况非常窘迫，当时他已过而立之年，为了生存，依然要背着大麻袋跑到广州、义乌等地去进货，卖鲜花、礼品，甚至还做过一年的医药销售，不过他坚信互联网会给他带来光明，始终奋斗着，最终成就了一个庞大的商业帝国。

所以即使你确定了一个伟大的目标，但是在行动的这条路上，也一定会出现不少波折和艰辛，这个时候你需要做的不是马上掉转方向寻找新的目标，而是相信自己，向着这个目标前进。

3. 提高自我领导力

我们提出"以终为始"，其实核心是提高自己的自我领导能力。

只有具有超强的自我领导能力，才能完成高效的跨越，成为自己的领导者。

那么怎样用"以终为始"的原则来提高自我领导力呢？我们可以尝试问自己这些问题：

（1）我在过去的几年里做过哪些成功的事，哪些不成功的事？为什么没成功，为什么成功？

（2）我获得的成功是否是我所期望的那样？

（3）我想达到什么样的目标和境界，我现在离那个目标还缺少什么？

（4）实现这些内容，需要付出什么样的努力？

"以终为始"是人生规划的核心要领。如果不知道自己的终点何在，永远也不会真正满足，会活得非常累，非常无奈。大到国家，小到优秀的企业都有五年规划、十年规划，个人也一样。用"以终为始"的原则来引导生活，会减少我们的迷茫，增强自己把握人生方向的能力。

分清轻重缓急，要事优先

如果让你选择做事情的顺序，你怎么选择呢？一定有人说要先做简单容易的事情。因为简单的事情完成起来没有难度，而且完成的迅速还能让人产生愉悦感。可有学者却发现，这并不是正确处理事情的方法，简单的事情多数很琐碎，选择先做这些事情容易让你陷入被琐事缠绕的旋涡里面。

专家说我们每天所做的事情，大致可以归为几类：重要但不太紧急的事；很紧急但不重要的事情；不太重要也不太紧急的事；重要且紧急的事。一般而言，重要且紧急的事情是我们的首选。

为什么这样处理，因为重要的事情都有一定的难度，都需要充分的准备。准备得越充足，胜算的把握就越大。而先做这类的事情，首先有了时间的保证，如此准备就会更充分，就更容易达到预期的效果。

那么什么样的事情是重要但不紧急的呢？就是对你或者工作很重要的一件事，但是虽然重要却不是需要马上做完的事情，比如你下周有一个重要的演讲，那么做这个演讲的准备工作就是你当前很重要的事情。你要做准备演讲稿、练习演讲、到场地模拟演讲等一系列的工作，以保证演讲能够顺利进行，获得成功。一周的时间足够你把这件事情准备得完美。

但事实恰恰相反，大家做事情的时候，往往都喜欢避重就轻先做那些和工作不相关的事情。比如前些日子发生在我朋友殷亮身上的一件事。

殷亮是一家小公司的文案，前些日子领导布置了一个文案项目。领导交代的时候告诉让她加紧写，但是这个项目是她以前没有经手过的，有些无从下手，便想着先做完手上的工作再做。可是那天手上正在做的工作也不是那样简单，做完也需要好久。她还没有做完手头工作，领导就过来问她文案的事。知道她还没做，领导大发雷霆。事后她说自己也确实"该骂"，怎么就没想到先做领导吩咐的呢！

我相信大家一定发生过她这样的状况，分不清事情的轻重缓急，只顾着避重就轻，把要事优先的法则做成了琐事优先。却往往忘了，那些有难度的事情，通常需要耗费大量的时间。而做简单的事情也是需要时间的，同样会占用时间资源。当把它们做好的时候，那些留给重要事情的时间就不多了。可能到这时候你才惊呼，你做的那些都是无关紧要的，而你最应该做的事情却还没完成。

做好了重要且紧急的事情，接下来再考虑完成很紧急但不重要的事情。这些事情包括某些信件、文件、需要处理的电话、必须参加的会议等。为什么是这些事情，因为经过前面的工作，你的大脑已经消耗了不少精力，需要休息和调整，而做这些事情刚好可以调整一下你紧绷的神经。并且这些事情，如果不及时做出处理，因为紧急，会一而再、再而三地过来骚扰你、干扰你，且分散你很多的精力。如果利用一些时间把它们处理掉，就会免受干扰，全身心投入到更紧张的工作中。

还有一种不重要也不紧急的事情。这类事情大多数是生活中或者工作中的小事、琐事。这一部分和我们工作的关联就更不大了，比如交房租、水电费、收发邮件、定外卖等，我们可以用统一的时间做，或者可能的话，也可以外派出去，留下时间做重要的事情。

所以要想提高自己的效率，一定要遵从要事优先的法则。怎么做到要事优先呢？首先你一定要知道什么是你最紧要的事情。

你可以在早上或者前一天晚上把你需要做的事情都梳理出来，之后按照轻重缓急的顺序把你的事情分类，就很容易知道哪些是你需要先完成的事情。最好把这件事所需要的处理流程都梳理出来，执行的时候不至于忙乱。另外，你最好把需要做的时候按照先后顺序写下来，再一件件完成。

美国著名的管理专家的史蒂芬·柯维提出了"四象限时间管理"原则，按照事情的轻重缓急，把事情分为：重要且紧急、重要而不紧急、紧急而不重要、既不重要也不紧急。

1. 第一象限：重要而紧急

这类事情具有时间紧迫性和影响的重大性，没办法回避更不可能拖延。我们不得不抽出时间和精力全力以赴优先处理。比如说接待到访的客户，或者客户的投诉，或者还信用卡。这个象限的事情通常是由第二象限的事情转化而成。没有处理好或者拖延完成的第二象限的事情会成为重要而紧急的事情，或者把其他几个象限的事情当成第一象限的事情来做，最终变成瞎忙，不仅没完成该做的事，导致领导批评，同事抱怨，而且自己身体疲惫，得不偿失。

对于这类事情的处理方法：立刻去做，马上行动。

2. 第二象限：重要而不紧急

这个象限的事情，主要就是为了以后的发展必须要做的事情，比如说长期的规划、参加培训学习、维护客户关系。现在如果不做，今后势必会造成第一象限的范围扩大，事情越来越多。所以我们要重视这个类型的事情，做到未雨绸缪，防患于未然。

这类事情的处理方法：有计划、有条理、重点地做。

3. 第三象限：紧急而不重要

这类事情通常都是事发突然，但是又无关紧要的，不需要你本人出马，其他人也可以完成。比如说临时到来的不速之客，或是临时接到的电话之类的，只要是不需要你本人处理的事情，尽管放心交给别人做，前提是你所授权的人必须能够完成这个事情，否则所授非人，你回过头再来处理这个象限的事情反而更耽误时间。

这类事情处理方法：授权给别人做，然后督导完成即可，不属于你的范围，坚决地说"不"。

4. 第四象限：不重要且不紧急

比如说逛淘宝、聊天、整理一些资料、处理一些不是很重要的资料之类的。

这类事情的处理方法是尽量用空闲时间做，或者集中一段时间做，千万别占用工作时间，毕竟你是来实现价值的，不是来混日子的。

让自己变得更有条理

说到有条理，大家可能会哈哈一笑，这是上学时候老师给学生们的建议，怎么能用在高效能上？

是的，上学的时候老师不仅告诉我们说话要有条理，写作文要有条理，就连理科的解题思路和步骤都要我们写得有条理。但是从学校毕业之后就和有条理没有关系了吗？恰恰不是，成年人或职场人更需要有条理，因为做事有条理才更有效率。

试想一下，如果一个搞文字工作的人乱放资料，本来一天就能写好的文件，找资料就找了半天，岂不是要影响工作效率？

西方一些专家为人们支配时间提出了许多合理化建议，其中有一条就是"整齐就是效率"。他们对做事情要有条理有一个十分形象的比喻，说就像木工师傅的工具箱，如果里面各个工具都摆放得非常有秩序，甚至连钉子都按照大小的顺序排列好，用起来会非常方便。如果不是井然有序，而是杂乱无章随意摆放的话，找起东西来会相当费力。我们所做的事情就相当于木匠的那个工具箱，如果有条理、有顺序，用起来会很顺手；如果不然，就可能焦头烂额。

然而现实中，我们经常会受到因为做事情没有条理而焦头烂额的困扰。就在昨天，我的同事还在因为他不知道把一个重要的文件

效率模式：如何高效地过好每一天

存在哪个文件夹里边对着电脑生闷气。

在不知道做事情需要有条理的重要性之前，我也一样，吃了不少做事情没条理的亏。记得有一次，有个非常重要的文件被我保存在电脑里，但是却忘了保存文件时候的文件名和文件夹，在电脑里好一阵翻找也没有找到，只好硬着头皮找上级又要了一份。

还记得那次我一边在电脑里四处翻找，一边骂自己记忆力差的情形。当时一直在心里想，明明害怕找不见还特意新建了一个文件夹，怎么还是找不到了呢？学习了效率管理我才知道，不是自己的记忆力差，而是自己做事情没条理，如果做事情有计划、条理，绝对不会出现这样的状况。那怎么能养成做事情有条理的习惯呢？

1. 保持记录的习惯

你需要把你的工作日程记录下来。现在流行的记手账就是一个很好的记录习惯，不仅可以把事情记录下来，还可以通过对比发现其中的不足。

青年领导力倡导者张萌就有记手账的习惯。她在一次采访中说，自己几乎用遍了市面上所有样式的手账，用过的手账本更是不计其数。

不过记手账也不是要把你的所有事情通通都记在一个本子上，要分门别类，那样才会清晰。如果你把项目计划、时间管理、待办事项，以及随时迸发的灵感，都杂乱无章地记录在一个本子上，那相当于没记。因为记下来本身就是为了提高效率，让我们的事情看起来更一目了然，如果你把所有东西都堆在一个本子上，就如同让你在一堆混乱的线里面挑出一种颜色的线，只会增加难度。

张萌在一次讲座中讲了她一个学员的故事。这个学员和她学习时间管理，学得很认真，为了让自己的时间管理更早见成效，也买了手账进行目标计划和目标记录，算得上是学员中比较勤奋的。但是效果并不明显，他对管理自己也失去了信心。张萌一看他记的手账就知道问题出在了哪里，他把所有的事项都记在了一个本子上，杂乱无章。张萌建议他多准备几本本子，分门别类地记好，之后情况得到了极大的改善。

记录只是一个辅助的工具，帮你理清思路，让你做事情有条理。如果记录得杂乱无章，你怎么理清思路，还怎么有条理？

2. 要做好归纳

除了记录，归纳的习惯也是做事情有条理的一项重要能力。

归纳的时候电子版的文件资料和图片分类存好，标注好文件名，找的时候会更一目了然。如果常用的话，可以放在电脑的桌面上。纸质的资料就更容易了，可以使用不同颜色的文件夹及便利贴。

不管哪种记录方式，都要养成想到就马上动手记下来的习惯，比如定的文件名、文件夹的标题等，因为这是小事，用不上一秒钟，不会耽误其他事情的进行。一旦想着过一阵再记，而把这个事情放在一边，那么你想起来的时候，可能就是你下次用到的时候，你还会回到翻找好几个小时的老状态。

3. 学会分配权责

我们不用事必躬亲，有时候可以把事情发包出去，用你的时间做主要的事情。分配权责之前要先做好计划，这样更容易明晰哪些是需要你完成的，哪些可以发包出去。确定了发包的事情之后，再从你的每日任务清单里挑选出六件重要的事情，做好它们。为什么是六件事情？

每天做好六件事情，是著名工作效率专家艾维·李提出来的。当时一家企业的总裁向艾维·李征询能让人多做事情的方法，艾维·李提出了这个一天做好六件事的建议，并随之提出了最佳工作效率的方法：

（1）每天下班前，列一个任务清单，写下第二天需要完成的最重要的六件事。绝对不要超过六件。

（2）把六件事按重要性排序。

（3）第二天上班后，先专心处理第一件事，第一件完成后，再处理第二件。

（4）按照同样方法依次完成剩余任务。下班时，如果有事情未完成，就放进第二天的任务清单，第二天的任务依旧不能超过六个。

（5）每天重复这个过程。

艾维·李提出的这个效率方法看着很简单，但是据说三个月之后，那个企业的总裁给了艾维·李一张25万美元的支票。这只能说明一个问题，这个办法行之有效。细想一下就知道这个办法为什么有效，一个人的精力虽有限，但是也可以完成适当的工作，相对于漫长的一天，一两件事情显然太少，八九件呢，太多，太杂，哪一样都做不精细。六件事是最合适的，既不会因为事情太多而案牍劳形，也不会因为事情过少而无所事事。

我们也可以借助这个方法，从你的计划清单里面挑出六件事情，认真地把它们做好。可以遵从前面的要事优先的法则挑选你的六件事，按照轻重缓急的顺序一件件去做。

另外为了让事情有条理，我们还可以借助一些工具。比如番茄工作法、手账和思维导图。

其中番茄工作法是一款工作软件，它把你需要做的事情都进行了分类，并且还贴心地给你确定了时间，比如学习是三十分钟，工作是二十五分钟，锻炼十分钟，到了时间会有悦耳的声音提醒你。

平时工作的时候，我最喜欢用的就是这个软件。二十五分钟的时间不长，但是足以让我投入到工作状态之中，静心工作。

手账和思维导图是我经常用的另外两个效率工具。把每天要做的事项记在手账上，能更好地提醒我该做什么，甚至还可以告诉我该怎么去做才能做得更好。

需要分门别类整理知识点的时候，我喜欢用思维导图，因为它更容易帮人们理顺思路，让思维更清晰，"工欲善其事，必先利其器"，借助效率工具，能让我们事半功倍。

管好你的情绪，让自己时刻处于冷静状态

一大清早好友小米双眼红肿地推开了我的家门，劈头盖脸就告诉我要在我家"避难"几天，原来她和男朋友吵架了，不仅不想在家里面待着，连班都不想上，就想在我们家好好安静一下。小米是一个特别情绪化的女孩，经常被自己的情绪左右。有一次因为领导批评她工作没做好，任性地扔下工作跑出去散心，结果被老板华丽丽地炒了鱿鱼。我拿这件事情劝她，不管怎样不高兴也要去上班，工作可是让你扬眉吐气的武器，可她还是窝在沙发上不肯动弹。

我不知道还有多少人像小米一样被自己的情绪控制着，但我知道数量肯定不少。作为情感丰富的人，我们经常遇到各种情绪，很容易受到干扰。有一个著名的故事，早上吃早饭的时候，孩子不小心把牛奶洒了爸爸一身，爸爸气急败坏地把孩子打了，妈妈一看因为这样一件事情打了小孩，和爸爸争执起来，一个美好的早晨就变成了家庭大战。这还没算完，爸爸因为生气，出门晚了，错过了公共汽车，到单位的时候迟到了，结果爸爸一天不在状态，工作屡屡出错。

情绪和效率看似是两个毫不相干的概念，但是情绪决定着你的办事效率，并且对其起着决定性的作用。因为情绪决定着心态，心

态直接影响着做事情的态度，从而影响效率。

我们都有这样的体验，如果一天早上就心情不顺畅，那么这一天遇到的事情十有八九也不顺畅。尤其是女孩子，如果一天早晨就心情不舒服，那么这一天她做事情都会心不在焉的；如果有什么事情让她极度生气或郁闷的话，那么这一天更是什么事情都做不下去了。这样的状态，工作效率可想而知。所以说情绪从来都是和效率挂钩的，情绪的好坏直接影响效率的高低。心情对效率，就如同左右手一样，只有好的心情，配合好的效率，才能创造出优秀的业绩！

朋友中我最佩服小姜，因为她最能控制自己的情绪，任什么事情都不能打扰到她。有一次她的银行卡被人盗刷了两千多元，她还淡定地坐在电脑前做图表。这件事情如果发生在我身上，我早就坐立不安了。

不想让情绪影响你的工作效率，就不要带着情绪工作。带着情绪工作会出现很多弊端或者状况，我的一个朋友就吃过带着情绪工作的亏。有一天她到班上给孩子上课，有一个小男孩非常调皮，在下面大声说话，她冲过去一下子把孩子拎到了黑板前面，还推搡了几下。不巧的是那个孩子有先天性心脏病，一下子晕倒在讲台上。这时候她才意识到自己做得太过分了，火速把孩子送到了医院。好在送得及时，孩子只是受了轻微的惊吓，不过虽然没出大事，但是学校也扣发了她当月的奖金。

丢奖金事小，她留下了一个"拿孩子撒气"的恶名，谁也不愿

效率模式：如何高效地过好每一天

意再把孩子送到她班里，给她造成了非常不好的影响。如果她不带着情绪去工作，就不会出现这样恶劣的结果了。人是情感支撑的，要想不带着情绪工作，就要先学会控制情绪。没有人天生就懂得控制情绪，真正能干的人，一定要时刻留意不要让自己栽在坏情绪中。

要想控制情绪最好给自己情绪找一个宣泄的出口。谁都不可能永远开心、快乐，但是找到一个很好的宣泄口，把坏情绪宣泄出去，就不会被坏情绪破坏心情，比如听听音乐、散散步。我有一个朋友发泄情绪的办法竟然是拉小提琴，心情不好的时候总要躲在房间里拉上一会儿曲子，等他再从房间走出来的时候，坏情绪一扫而空。另一个朋友舒缓情绪的方式则是化妆，每次不开心的时候就把自己化得非常漂亮，她说看着镜子中漂亮的自己心情马上会好起来，而有一天我看了一篇叫《苹果绿出口》的文章，文章的主人公是一个二十岁左右的小姑娘，情绪的出口竟然是画苹果绿的眼影。可见这个出口没有一定的界定，只要让你开心就好。

除了找出口化解情绪，还可以想办法振作你的情绪。比如听听大师的讲座或者看看心灵鸡汤等。大师的话语和鸡汤文里面的励志语言，让我们的大脑产生了一种亢奋的物质。在这种物质的激励下，我们会恢复兴奋的状态。现在有人批判鸡汤类文章把成功简单化，说这类文章，都在说成功与自己仅一步之遥，但现实生活中，成功没有那么容易，有的人苦苦追寻一辈子，也触摸不到成功的衣角。虽然这种问题确实存在，但是不能否认，鸡汤类的读物，也能给我们心灵带来一些触动，尤其是刚入职场的青年人或者在校的学生，多看一些鸡汤类的励志文字，让他觉得成功只要努力就触手可及，才敢迈出追求梦想这只脚。

另外还可以多接触一些正能量的人，让他们身上的正能量赶跑你身上的"负能量"。这就要多结交些正能量的朋友，跟他们在一起，让他们身上的正能量和阳光活力感染自己，也带动自己向更好的方向迈进。和优秀的人在一起你也会变得优秀。

我们的情绪虽然有悲伤、喜悦、高兴、难过、伤心等各种不同形式，但是总体来说可以分成正面情绪和负面情绪两种。当情绪正面的时候，我们欢乐、心情愉悦，这个时候我们做事情充满了力量和激情，总觉得有用不完的力气，做事情的时候效率自然就非常高。

我们是成年人，不能让自己被情绪左右，更不能让自己的情绪影响到工作效率。这样你的工作效率才会高，不然，不仅工作效率提高不了，还可能丢了工作。

第五章

工作理念：好态度是高效率的基本保障

现代人工作压力巨大，身心疲惫，失去了很多时间和快乐。我们和工作的关系都是对立的，几乎成了劲敌。这也是我们对工作的最大误解，工作虽然占用了我们一些休闲的时光，让我们错过了一些东西，但也让我们获得了金钱和地位，知晓了生命的意义和自我的价值。同时，工作更是一个人展露才华的舞台，我们寒窗苦读学来的能力、我们的决断力、我们的适应力，甚至我们的创造力都能在这个舞台上得到淋漓尽致的发挥。我们和工作的关系应该是战友而不是劲敌。

强迫自己爱上工作

每个人都想做自己喜欢的工作，但是这个概率真不高。事实证明，有很多人从事的工作，并不是自己喜欢的，能从事自己喜欢工作的人少之又少。

而大家都知道，如果让你做你不喜欢做的事，那么做的时候就会很痛苦。这可能也就是我们很多人不喜欢自己工作的原因，我们做的事是令我们痛苦的事情，当然就不会喜欢。

可是我们真的没有办法应对这种不喜欢吗？在网上看到一段非常有意思的话，说面对一个你不喜欢的工作，有两个办法：一是马上离开；二是让自己喜欢上这份工作。

这两个办法中第一个听起来好像没有太大的难度，但是，你要是选择马上离开，说明你要失去这份工作，失去了工作的后果是你可能没有经济来源。所以这个方法并不可取。那么让自己喜欢这份工作就变成了唯一的办法。

著名的日本企业家稻盛和夫说过，工作不一定是你喜欢的事，

但是你要尽力让它变成你喜欢的事。他还说如果你想获得事业的成功和人生的幸福，办法很简单，就是爱上你的工作，而且，你必须强迫自己爱上你的工作。

这位著名的企业家道出了工作的真谛，人要爱上自己的工作。这个企业家就是强迫自己爱上他的工作的。

大学毕业后，稻盛和夫被分到一个濒临倒闭的公司里，并被安排做新产品材料的研发。稻盛和夫一点儿都不喜欢这个工作，想跟其他几个分配过来的学生辞职离开。可是家里并不同意，不给他开证明材料，他只能留下来。留下来时他就知道自己必须永远在这里工作了，那么，虽然不能喜欢上这份工作，但是他知道一定要先把"厌恶这份工作"从自己脑海中赶出去，赶出的办法是倾注全力先把眼前的工作做好。结果如他期望的那样发展，他不仅爱上了自己的工作，还把企业做到了世界领先。

稻盛和夫说，这些都是因自己爱上了自己的工作所致。稻盛和夫爱上自己工作的经历也颇为曲折，因为几乎不具备与新型陶瓷相关的基础知识，所以一开始他先去大学图书馆寻找有关的文献资料，那时还没有复印机，他翻阅了过往的行业期刊和学术纪要，发现重要的内容就立即抄写在笔记本上。与此同时，虽然囊中羞涩，他还是坚持购买研究所需的书籍，并且花钱向美国陶瓷协会购买论文，之后根据获取的资料做实验。在这个反反复复的过程中，他对陶瓷越来越感兴趣，就连枯燥的研究也变得快乐起来。

为什么要爱上自己的工作呢？只有爱上你的工作，才能由心向外流淌出一种力量，让你把这件事情做得更好，这就是所说的心流。心流是一种神奇的力量，不仅能让你把这件事情做好，而且还能让你在做事情的时候产生一种愉悦的感觉，所以这个时候你的工作就等同于享受。

有一次张萌做客樊登读书会，两个人谈到工作这个问题时，不约而同地说自己非常享受工作的过程，好像自己就是为工作而生的一样，只有工作才觉得生命有了意义。这就是激发了内心的心流，工作不再是负担难以忍受，而是享受。

有人说，工作总是重复，不能够激发自己的喜爱，只会让自己感到乏味。是这样的，我们每个人的身体里都是有好胜心和好奇欲的，如果总是重复相同的工作，势必会让头脑产生懈怠。但是既然要工作，就要打破这个魔咒，因为我们已经不是小孩子，不能依着自己的心情去做事了，我们还肩负着许多责任。可以换个角度去想，不断地重复，其实是不断优化的过程，每天都重复着做好一件事，把每一件简单的事做好就是不简单，把每一件平凡的事情做好就是不平凡。

如果每天总是面对不一样的任务的确是充满了刺激和挑战，但是你有没有发现，你需要每天都重新开始。做一件新任务和做一个熟悉的任务，你想一下哪个的效率会更高？假如你非常非常不喜欢你现在从事的工作，那么仅问你一个问题："你想好要去做什么工作了吗？你有能力做好你想要做的工作吗？"如果两个问题的答案都是没有，那么你还是停止你躁动的心。

每项工作都是需要能力的。如果你非常不喜欢眼前的工作，那么一定要有一项能力去从事其他的工作，跳槽和辞职都是需要底气的，你能保证胜任另外的工作吗？如果不能，那么就好好做好你当下的工作；如果能，但是还不能成为优势，甚至独当一面的话，那么，你还是需要做好当下的工作。之后用业余的时间好好地修炼其他的技能，等到你其他的技能能独当一面的时候再考虑离开也不晚，不然你最后只会一无所有。

生活中这样的例子实在太多了。我曾经听我一个做幼师的朋友讲了一个她们幼儿园发生的故事。她们都是聘用的幼儿教师，因为没有编制，所以工资非常低，好几个老师就商议着跳槽，到其他的地方去工作。那段时间大家负面情绪非常多，几乎有空就商议跳槽或者要求涨工资的事。其实她们主要是想要求涨工资，跳槽是附加产品，如果不能达到她们的预期，才拿出这个撒手锏。大家私底下说得非常决绝，不涨工资就"罢课"，可是找园长谈判那天，八个人中六个选择了退出，她们说考虑来考虑去自己只能做这个，其他的什么都不会做，如果园长不同意，离开了，她们都不知道下一步该怎么走，所以只好妥协。

她们的事例告诉我们，没有准备好下一张船票，是没有资格离开这一艘客船的。所以定下心来安心工作才是大多数人最该做的。

当然，没有人天生愿意工作。这就需要我们树立一个正确的工作观，尤其是不能给自己一个工作就是煎熬的负面心理暗示。

工作和生活永远不是劲敌

我们身边有很多这样的人，工作和生活分得很清，工作是工作，生活是生活。这样看起来很好，条理清晰，可是细想一下就有很多的问题。

我们的人生主题其实是生活。我们所做的一切都是为了创造美好的生活，过我们自己想过的日子。工作是我们实现这个美好愿望的一把钥匙。只有通过它，我们才能实现自己心中的梦想。工作和生活应该是相辅相成的关系，但是一旦你把二者对立起来，情况就不一样了。如果你是一个钟爱生活的人，那么你会觉得工作占用了你大部分的时间，阻碍着你寻求幸福。

有一个朋友，工作起来非常痛苦，经过询问我才知道他总是认为工作占据了他的大部分时间，让他没有时间去享受生活，他现在最痛恨的就是自己的工作，有时候恨不得再也不进公司大门。有一阵子，他因为总也理不清二者的关系，得了轻度的抑郁症，经过很长一段时间的调养，才慢慢好起来。当你把工作和生活放在了对立的位置，它们也势必会产生冲突。

效率模式：如何高效地过好每一天

　　樊登读书会的创始人樊登在一次讲座中说，生活和工作对于他来说都非常重要，不分轻重，他的工作就是生活，生活就是工作，两者密不可分。他从来没有把工作和生活分开过，他可以每天工作到深夜一两点钟，也可以陪着孩子疯玩上一天。他从来没因为陪孩子玩，耽误了工作而抱怨，也从来不会因为工作时间太晚，来不及陪家人而自责。因为在他看来，两者都是工作，又都是生活。

　　当两件事情你没有衡量出谁轻谁重时它们就是平等的，因为平等，就没有对错之分。在你该做什么的时间做什么事，就能很好地协调它们之间的关系。

　　其实这里面要传达的一个信号是，一定要实现工作和生活的平衡。这中间并没有固定的答案，一个人可以一周只工作 40 小时，另一个人一周连着工作 90 小时也没问题。最怕的就是他找不到属于自己的平衡点，也无法优化自己的生活来适应这个平衡点。

　　所以，你必须自己意识到这一点，然后发现对自己而言的最佳工作强度。一旦你做到这点，接下来要做的就是围绕这个工作强度来调整自己的生活。

　　工作有时候是很乏味的，并且当我们从事的工作没有太多的新意，日复一日年复一年的时候，这种感觉更强烈。这也就是人们常说的，干一行厌一行。但是如果把工作当成一种学习的话，效果就会很不一样。因为大家都知道，学习是我们成长的阶梯，能让我们更好地进步。有一句话说得特别贴切，学习是我们通往世界的路，书本上的学习是学习，工作上的学习其实也是学习，一样能让我们增长技能，拓宽视野。

把工作当成一件任务的时候，我们会非常痛苦，因为我们人的天性，都不喜欢被别人命令，或者强迫干什么事情。但是如果把工作当成学习的话，就是我们主动去做。同样做一件事情，主动去做和被动去做是有很大区别的。主动去做，属于心甘情愿，我们接收到的东西就多；而被动去做，是带着满腹的排斥做，做起来就会很痛苦，效果一定不好。

关于如何爱上自己的工作，稻盛和夫做了一个非常形象的比喻。他说如果你在谈恋爱，无论你一天的工作多忙多累，下班之后你都会迫不及待地和对方去约会，你甚至可以和他从城东走到城西。你不累吗？累！但是因为喜欢，因为迷恋，所以就不觉得累。工作也是一样，当你喜欢上自己工作的时候，无论工作强度怎么样，你也不会觉得累。人就是这样，对于自己喜欢的事情，再辛苦也无怨言，也能忍受。而只要忍受艰苦、不懈努力，任何事情都能成功。

工作的最佳状态就是和你的工作谈一场恋爱。要想拥有一个充实的人生，你只有两种选择：一种是"从事自己喜欢的工作"，另一种则是"让自己喜欢上工作"。一个人能够碰上自己喜欢的工作的概率，恐怕不足千分之一。即使进到了期望的公司，要能分配到自己所期望的职位工作，这样幸运的机会也很少。大多数人初出茅庐，只能从"自己不喜欢的工作"开始，所以调整你的心态，爱上你所

从事的工作，才是入职之初你最应该考虑的问题。

因为只有你热爱自己的工作，才能全心投入，只要有真情投入就会产生良好的效果，这样能促进你更好地投入到工作中去，这是一个良性的循环。

在人生的路上，没有人愿意白白走一趟，都或多或少想做些成绩，而要想做出成绩，唯一的办法就是运用自己坚强的意志去喜欢上你的工作。

不要把工作只看成工作，要把工作当作是一次机会、一次学习。如果你不能成为这份工作无可替代的人，那么你就要做好随时被别人替代的准备。

用心工作是一种修行

工作的正确打开方式只有一个——用心。我们每天都在工作，所以工作对我们来说再熟悉不过了。那你的身边一定有这样的人，他们入职几年，却还是在原地踏步，没有什么大的进展和变化；相反还有一些人，职场顺利，升职加薪不说，甚至还会三级跳。

我身边这两种人都有。但是看看两种人的工作状态，就能知道他们为什么会有两种不同的境遇。第一种人平时工作散漫，完全看不出是在用心工作，只是应付了事。第二种人就像一台永动机，每次工作都是全力以赴。那么，如果我是老板的话，我一定给第二种人升职加薪。每个老板在雇佣员工的时候，不仅仅是找一个干活的人，更多的是，找一个能协助自己的人，说给自己找一个左膀右臂都不为过。那么两种工作态度显而易见，老板会喜欢哪一种？职场上天壤之别的两种待遇也就可以理解了。

用心工作，最大的受益人是自己；马马虎虎敷衍了事，最终的受害人也是自己。一个没有把心用在工作上的人，永远都是小角色。一个用心工作的人和一个不用心工作的人，一个月可能看不出差异，半年时间也可能看不出差距，但是一年后，就会非常明显。

我的一个朋友给我讲了一个他用心工作的故事。

因为家里的条件不是很好，他没读几年书，就外出打工闯荡。他做的第一份工作，是在一个美容美发店做小工，辅助大工做些杂务，很多人不愿意做小工，因为小工学不到多少手艺。但他却对这份工作非常满意，每天忙进忙出，把室内的卫生打扫得纤尘不染。因为小时候他爸爸告诉过他，不论你做什么事情，一定要用心去做好。

有一天他看见角落里一张闲置的小桌子上有污渍，就买来去污粉和刷子，利用中午午休的时间，把它清理了出来。马上要清理完的时候，老板到店里来检查，看见他已经把桌子擦得雪白锃亮，问他是谁让他清理这张桌子的，他告诉老板是自己要干的，因为桌子放在那里虽然不用，也不美观。老板听了思索了一下，叫来了店长，

告诉店长找个人好好带一带他。一年之后，他成了店里面手艺最棒的大工。现在他已经在当地开了一家非常大的美发连锁店做起了老板。

他逢人就说自己能有今天要感谢他爸爸，是爸爸告诉他，无论做什么都要用心，不然他绝对不会想到去擦一张闲置的桌子，更不会有今天的境遇。他说他是当年店里进步最快的大工，现在自己当老板，也分外留意用心工作的人。

其实用心工作不仅仅是为了给老板一个好印象，还是对自己的人生负责。我们每个人不可能都有机会自主创业当老板，但是生活具有无限可能，我们也可以有更好的发展平台，从而更好地实现自我价值。每个人都需要跳板，更需要经验的累积。用心工作，不仅仅是为了升职加薪，更多的是为了积累经验，让自己向更高的平台跃进。

你尝试努力工作，就是对自己负责。你会发现，有许多的潜能没有发挥出来，它们每一项都可能精进成为你拼搏职场的利器。所以无论从事什么工作，我们工作的时候一定要带着一颗认真负责的心。

日本实业家稻盛和夫工作的时候就非常用心。他刚到京都陶瓷公司参加工作的时候，被安排研制开发一种新型的替代产品。为了早日把这种产品研发出来，他吃住在公司里，并且请公司帮着订阅一些最新的、关于陶瓷的英文杂志，了解行业的前沿技术动态，全身心投入研发相关课题。每天不是在做实验，就是在看杂志，后来就连睡觉的时候都是搂着陶瓷，最后终于攻下难题，找到了新型的材料。

用心工作，是一种工作态度。在工作中，有很多人只知道抱怨，却不反省自己的工作态度，似乎根本不知道被公司重用是建立在用心完成工作的基础上的。他们经常发出这样的言论："何必那么用心呢？""说得过去就可以了。""现在的工作只是个跳板，那么用心干什么？"长此以往，他们失去了工作的动力，不能全身心地投入工作，更不能在工作中取得斐然成绩，最终聪明反被聪明误，失去了本应属于自己的升迁和加薪机会。那我们怎么样才能用心工作？

1. 不要抱怨

我们从事的工作并不一定是我们喜欢的工作。面对我们不喜欢的事物，我们通常采用的方法就是抱怨；但是如果你要想用心工作的话，你就一定要把抱怨这个负面的情绪扔掉。我们的大脑皮质是会思考的，会使用积极和消极两种处理事情的方式，并且很会察言观色。当你抱怨满腹的时候，产生的负能量物质会直接传导到大脑，大脑认为你不想做这项工作，就用消极的方式帮你处理，之后就会形成一个恶性循环，做这个工作的时候越来越消极，越来越不喜欢，越来越痛苦。

我们要给大脑积极的暗示，强迫自己喜欢上自己的工作。大脑是聪明的，思维也是有习惯性的。当你总是传导"你喜欢"这个信

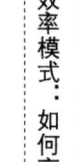

号的时候，大脑接收的就是你愿意做的信号，就会以积极的方式帮你处理问题。

这也就是通常所说的意念效应。你想减肥，你一面运动和节食，做些实质性的减肥行动，一面在头脑中告诉自己，我一定能减肥成功，我一定能减肥成功，那么你减肥成功的概率就会大得多。

所以，要想用心工作，就收起你的抱怨。人所获得的成功和聪明的程度关系不大，却和心态有关。只有不抱怨，才能让自己静下心来去工作。

2. 要勤于思考和创新

不思考，只是被动地执行命令，我们就更像是一部机器，等着工作来"发号施令"。勤于思考和创新就不一样，能让我们更快地融入我们的工作和集体。尤其是职场新人，积极思考，为公司的发展献计献策，不仅让你很好地融入集体中，还为你以后的升职和加薪增加砝码。

用心工作，不是一句简简单单的口号，它需要我们切切实实地去做，当你真正把自己投入进去的时候，所有的一切都不是困难了。

什么样的工作方法最有效

如果问你什么样的工作方法最有效，你会给出什么答案呢？你会不会惊讶地说让工作有效，就是好好工作呗，除了全心投入，还有什么办法可以让工作的效率最大化呢？

我的朋友小欧有一个奇怪的工作方法，可能会让你大吃一惊，那就是游戏工作法。

小欧是一家公司的业务员，每天的工作就是联系客户往外推销。这并不是什么好工作，因为大家对推销有一种天生的抵触，有时候跑断了腿，也签不下一个单子。不少业务员干了几天，受不了没有业绩的折磨辞职了。小欧不仅留了下来而且成了部门的经理。几乎也算是小小逆袭了一下。

她说自己用的就是游戏的方法。她说把每天需要做的工作当成游戏的关口，心里想着又过了一关，工作起来一点都不累，而且还毫无压力。因为游戏本身就是一件减压的事情，告诉自己并没有在工作而是在游戏，工作起来就会舒心很多。

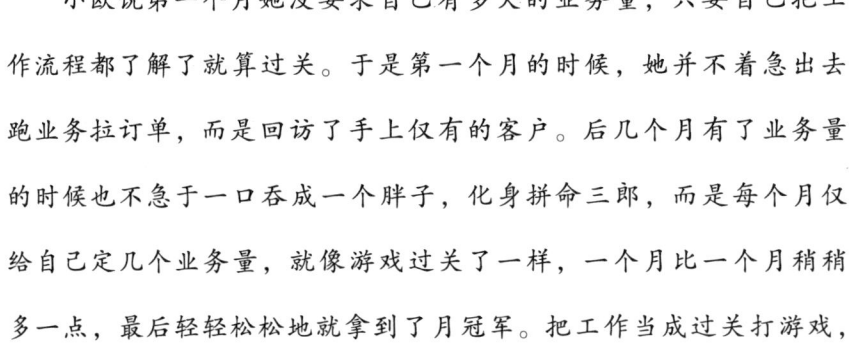

小欧说第一个月她没要求自己有多大的业务量，只要自己把工作流程都了解了就算过关。于是第一个月的时候，她并不着急出去跑业务拉订单，而是回访了手上仅有的客户。后几个月有了业务量的时候也不急于一口吞成一个胖子，化身拼命三郎，而是每个月仅给自己定几个业务量，就像游戏过关了一样，一个月比一个月稍稍多一点，最后轻轻松松地就拿到了月冠军。把工作当成过关打游戏，真的是一个好办法。

大家应该都有这样的体验，工作的时候觉得非常无聊，但是一打起游戏来，就会很开心、很投入。听着游戏这两个字的时候感觉是一种娱乐，很放松。但是真正玩游戏的玩家或者常玩游戏的人都知道，玩游戏并不是一件轻松的事情，也需要高度集中注意力，并且需要随时学习一些新的技能，也就是说，也需要有超强的学习能力。它的要求有时候甚至比工作还高，那么为什么有许多人都喜欢打游戏呢？因为游戏里面的关卡设置能让人心生一种征服感和成就感。这两种感受能让人锲而不舍。

学会用玩游戏的心态对待工作的第一要点，并不是说让我们工作就像游戏一样随意，而是说要把工作当成游戏一样。我们的任务就是要顺利地通过每一关，不要把工作当成负担。可以把工作当成一个个的游戏小关卡，通过了这些小的关卡，才能见到更大的关卡，甚至是见到 BOSS。如果我们可以打败 BOSS 通关的话，那么我们的游戏就是成功的，自然我们在职场当中也就会得到更好的升职。所以我们要把职场当成游戏，要像玩游戏一样认真地去对待工作。

学会用玩游戏的心态对待工作，第二就是把工作当成一件简单的事情。比如说游戏，我们可以把升职加薪当成自己打怪升级，不要觉得有什么难。即使难也只是我们的装备还不够强，想要让我们的装备变强可以打更大 BOSS 的话，那么我们就要让自己学习更多的技能，只有如此我们才能顺利地打怪升级，更好地升职加薪。如果我们把工作当成游戏去对待，那么或许我们会在其中发现很多的快乐，而不是每天都在苦恼自己的工作到底该如何完成。

学会用玩游戏的心态对待工作，第三就是在工作当中遇到问题时不要总是想是自己的运气不好，或者是自己没有把握好机会，为什么我们不想一想是不是自己的技能没有学习呢？是不是自己的装备需要更换了呢？是不是选择的打怪方式不对呢？如果我们把这些都考虑清楚，那么在职场当中我们自然也就知道自己需要加强的是哪一部分，从而也就可以更好地发展。

网上曾经流行一个段子，说如果你用打麻将的精神去工作，那么你一定不会厌倦你的工作。什么是打麻将的精神呢？

（1）随叫随到，从来不拖拉。（2）不在乎环境的恶劣与否，专心致志。（3）经常反省自己。一把牌打错了就反省自己，下次一定注意。（4）永不言败，可以推倒再来。（5）无论你手里的牌是什么样的牌，总是往好的方向走。（6）总是保持着一种赢的心态。

这虽是一个流行的段子，但是也真的是总结到位。如果我们工作中能做到随叫随到，不拖拉，那么我们的效率一定会提高不少；并且，我们不在乎自己的工作环境，专心致志去工作，你一定不会去抱怨。抱怨会产生许多负能量，让你做出消极的举动，不抱怨就能维持积极的心态。经常反省自己，不仅是在工作上，在我们的学习生活中都非常重要。曾国藩说过"一日三省吾身"，工作上时时反省，能随时发现我们的过失，警醒自己。而永不言败和推倒再来以及保持一颗赢的心态都是非常积极的力量，不仅让我们爱上工作，还保持着激昂的斗志。

及时充电，工作不等于放弃成长

最近，我和我最小的妹妹闹掰了。闹掰的原因是妹妹的临阵脱逃。妹妹和我小时候都有一个读大学的梦，可是条件所限，命运弄人，我们都没走进正规的大学校门，最高学历的毕业证上还都印着大专的字样。

去年，我们突然想圆这个梦，于是一同打听了社会人士参加高考的事宜，又一同买来了复习资料，启动追梦计划，谁知道万事俱备了，妹妹却告诉我她要退出计划。她的理由分外奇葩：我们都三十多岁了，并且都有工作了，考一个证书有什么意义，现在大学毕业生都找不到工作，你考下来能怎么样？说完奇葩理由还劝我："姐，我们都已经是中年人了，都这个岁数了还闹个什么劲啊，不如平平淡淡得了。"我听了气不打一处来，和她吵了几句之后就闹掰了。

其实和她闹掰的理由不仅仅是因为她的临阵脱逃，留下我一个人孤军奋战，还因为她那一句"三十多岁"和"人到中年"，还有"都工作了，还折腾什么？"的确在年龄段规划上，三十岁真的不再是豆蔻更不是青葱，可以算是中年的先遣队了，但是把它划在中年

— 123 —

的时间档上我真的有些接受不了，也不能认同，更接受不了人到中年就不应该再奋斗和进取的错误逻辑。十几岁上学，满脑子都是试卷和分数，社会上的事情一无所知，二十多岁才从学校这个象牙塔中走出来，开始工作和了解社会，但是对社会的触及和思想见识都是幼儿园级别的水平，完全懵懵懂懂。三十岁呢，在社会中浮浮沉沉若干年，学识、思想和阅历都有了显著的提高，这个年龄段有思想，有深度，更有魄力，算得上人生的真正开始，怎么就被无情地划在了中年，还贴上了一张"人老珠黄"的标签？

另外，三十岁就该不奋斗、止步不前？马云三十一岁从美国回来筹建"中国黄页"又怎么解释，之后创建阿里巴巴，做淘宝已经是四十多岁了，要是按照妹妹的逻辑，三十岁还没有找到工作的马云就应该在大街上发传单或者在餐馆里端盘子了。三十岁就人到中年了，那以后的人生该怎么活？不过细一想想，或者真的不太该怪妹妹。万事有果必有因，我们周围充斥着太多类似妹妹说的逻辑。更不可思议的逻辑就是，工作了就不需要学习了。

这个说法真是荒唐得可笑。虽然大家都已经工作了，但是我们的知识结构还是停留在学校读书时候，而现在社会呢，早已经突飞猛进了。我们的工作呢，因为公司与时俱进，工作性质也发生了很大的变化，上学时候所学的那些知识已经用不上了，必须学习新的技能。如果我们不提高自己的技能，早晚会被这个时代抛下。

我现在还记得当初在小学代课的事。我代课的下半个学期学校

引进了电子白板。可是这个与时俱进的现代化物件，却把学校那些老教师难住了，他们不懂电脑，更不懂得制作课件，于是花费数万元的电子白板成了摆设。怎样能让你在职场中处于不败之地？就是让自己变得更优秀，让我们自己成为一块招牌。

现在社会的发展日新月异，各方面的竞争和压力也特别大。你前一天可能坐在主管或者 CEO 的宝座上，后一天就可能被迫离职走人。不是职场的规则恶劣、残酷，是有许多比你优秀的人。要想在职场中不被替代，就要随时给自己充电，让自己变得不可替代。除了用心投入工作外，我们还要把工作当成我们的职业追求。

工作的浅层意义还是养家糊口。我们因为要获得薪水，要创造好的生活环境和生活条件，而选择工作。但是职业追求就不一样，就像人生目标，职业追求也是你职场的发展方向，是你职场的目标。工作的时候，只考虑怎样把这项工作完成只是浅层次的要求。当你把它当成职场追求的时候，你就要对它进行规划和设计，结合你的兴趣爱好，看看能不能让你得到提升和发展。

之所以有很多人认为自己是毁在了工作上，工作耽误了自己，主要原因就是他们仅仅把工作当作工作，当作一项任务，没和自身的发展联系起来。如果你把它跟你的自身发展联系起来，你就会知道，工作不是给老板做的，是给自己做的。就像上学时一样，虽然老师在监督我们学习，但是学习实际是为了我们自己，我们取得了什么样的成绩，达到了什么样的高度，最终会成为我们自己享用的成果。同样，你获得了更高的平台，有了更好的发展，人生会达到怎样的高度，都是生命对你的馈赠，老板并不能享用这一部分成果。

所以我们一定要树立一个信念，工作是为自己而做。世界上没有令人讨厌的工作，只有令人讨厌的工作态度。一个人的工作态度折射着其人生态度，而人生态度决定一个人一生的成就。你的工作，就是你生命的投影。它的成功与否，全把握在自己手中。把工作当作一项事业来做，使自己的职业追求同这项事业联系起来，你就会觉得自己所从事的是一份有价值、有意义的工作，并且从中体会到神圣的使命感和成就感，从而彻底改变浑浑噩噩得过且过的工作态度。

让你的工作有效率

"深度工作"是最近几年兴起的词汇，意思就是让你全身心投入工作，非常有效率。《深度工作》一书中说，深度工作是在无干扰的状态下专注进行的，从而使人的认识能力达到极限的职业活动。

深度工作的著名典范是心理学家荣格，他为了让自己的工作状态不受干扰，特意在森林里建造了一个小屋。这个房间没有电，每天上午他都到这个房间工作两个小时，之后到森林去散步，结束一天的工作。虽然看起来他工作的时间比较短，但是这两个小时的效率却非常高，他在这个小屋里面研究心理学，写了不少心理学著作。

深入工作并不高深，就是我们常讲的心无旁骛和专心致志地工作。英国著名作家罗琳在写《哈利·波特与火焰杯》的时候，为了保证自己进入深度工作的状态，在星级酒店租了一个豪华的包间。可见想让自己的工作有效率，首先要让自己进入到深度的工作状态。那么怎样进行深度工作呢？

1. 给自己一个深层次工作时间

虽然我们不能像荣格一样给自己建造一个独立的小屋，不能像罗琳一样租住大酒店，但是我们可以给自己安排一个固定的深层次工作时间。在这段重要的时间里，你只做你需要做的这项工作，其他的任何事情跟你都没有关系。为了使自己真正心无旁骛，你可以先把琐事安排好，剩下的时间里，你就可以不去想它，专心地去工作。

我有一个导师就深谙深度工作之道。每天上午的七点到九点、下午的三点到五点，就是他的深度工作时间。这个时间无论你有什么紧急的事情找他都找不到他。刚开始我并不知道他的这一习惯，后来发现在这个时段从来都找不到他，也听说了深度工作的奥秘，才试探地问他，这段时间是不是他的深层次工作时间。他说是，并且告诉我，真的不用担心在这两个时间段里别人会因为找不到你而发狂，因为我们都是普通人，没有太多十万火急的事情，少接一个电话，少回一条微信，不会影响到什么，但是如果你的工作状态被破坏了，你就很难再进入这个状态里来。

导师的话让我为之一震。是的，我们都是普通人，真的没有重要到别人找不到我们就翻天覆地的地步。少了自己就不可以，有时候是自己把自己看得太重要。华尔街有一个很重要的管理者看见别的部门的同事都去度假，心里很羡慕，问主管自己可不可以去休假。主管告诉他，如果你愿意，随时可以。管理者听了马上收拾行囊去了心仪许久的马尔代夫，不过等他回来发现自己的位置已经被别人取代了。自己多重要，都是自己想象出来的，谁也没有那么重要。

所以在深度工作的时候关闭你的手机，没有人会因为找不到你而指责你，你也不会错过什么大事。相反，大家还会因为你把事情做到很好而称颂你、崇拜你。

2. 注意自己的工作节奏

虽然我们总要提高工作效率，但是，提高工作效率不是盲目求快。盲目求快往往会适得其反。我们要从自己的实际情况出发，根据自己的工作能力和工作性质，找到适合自己的节奏。比如明明可以两小时完成这项任务，你偏偏要一个半小时去完成，或者一个小时可以完成两项同质的任务，你偏偏要做三件，那么，工作完成的质量不高，效率自然也不会高。做什么工作都要量力而行，完成工作不是像我们前面提到的给自己定一个人生目标，要稍稍高一点，而是能把工作高质量地完成就可以了。

工作应该有计划，首先要把你一天要做的工作进行分类，分出哪些需要优先处理，哪些需要花时间来做。一般情况下需要优先处

理的事情都是比较紧急的事情，但是也因为紧急，所以工作起来的强度和难度也不是很大，这时候如果要先做它们，之后你就有更多的时间做需要耗费时间和精力的那一部分工作。在事情的处理上，你一定要有自己的节奏。

3. 清理好你的桌面

除了工作做计划外，清理好你的办公桌和电脑桌面，让它们看起来有条理，也是决定你工作效率的重要原因之一。因为杂乱的办公桌面和电脑桌面，让我们找起来非常费力，势必会损耗我们一些时间，有时候事情比较急的话，还会影响我们的心情，随之又影响效率。但是桌面整洁就是另一回事了，整洁的桌面，会让我们赏心悦目，心生愉快。用一种愉悦的心情去工作，你想一下工作的效率会怎么样呢？

整洁的桌面，是很好的工作提醒器。你可以把待做的工作放在一边，完成的放在另一边，这样不仅看起来很有条理，取用的时候也很方便，更加重要的一点是可以知道下一步自己要做什么。一般我的经验是把需要做的事情放在右手边，把完成的事情放在左手边。这样拿起来非常方便，而且，看着右手边的工作一件件减少，心里也会升腾起一种轻松感和成就感。经常有人把工作形容成山，但是经过你的规整，这座山会由让人喘不过气的高山变成娟秀的小山。

4. 给自己设置个工作提醒

我们经常提到复盘，一般是对全天的事情做一个梳理和总结。

但是这里要说的是，做完这个梳理之后，一定要给明天的事情做一个计划，因为工作有的时候是连续性的，不仅仅是今天完成了之后就结束了。即使明天是新任务，先规划出来，在心里有个预期，明天就能迅速地进入工作状态。你可以在当天下班之前把这个计划写成便签贴在你的桌角，以方便第二天一上班的时候就能看见。

有时候真的不是不想马上工作，而是不知道该做什么。所以进到办公室倒杯茶水、浇浇花、刷刷微信、聊聊八卦成了工作的序曲。但是如果有这个工作计划提醒，你就能马上进入工作状态。

记得上学的时候，大家自主学习能力还没有形成，早自习根本不知道学什么，好好的时间都浪费了。老师就在黑板上给出了很多的题，并告诉大家在上课之前一定做完。我们到了学校，再也不是漫无目的地吵闹说话，而是掏出书本来做题。

虽然现在大家都是成人了，但是道理是没变的。不知道做什么的时候，就会散漫下来，为第二天的工作做计划，第二天一上班就能看到要做的事情，就不会让散漫钻空子。有的人经常抱怨命运的不公，不要忘了一句话，机会都是留给准备好的人的。无论是工作还是学习，抑或是生活，你只有准备好了全力以赴才能有所收获。

稻盛和夫说过，如果你不想被日愈增加的工作所压倒，那么请在当天做完当天必须完成的事。如果说今日事今日毕是职场通行的秘籍，那么提前给明天的事情做准备就是职场的制胜法宝。

第六章

规划学习：潜移默化中达到高效的目的

"活到老，学到老"。学习是我们人生的必修课，无论是成人还是孩子，只有学习才能成长，只有不断学习才能不断成长。不学习，在激烈的竞争中，还没有起步，就已经远远落后于人；不学习，思路就不清晰，处理问题或办事情就浪费精力，无法达到高效的目的。

学习力有多重要

你听说过学习，你听说过学习力吗？

武汉新洲区凤凰镇有一座投资高达上亿的民俗博物馆，而博物馆的老板余红梅是一个靠捡破烂起家的女人。她的成功就是靠强大的学习力。

余红梅家庭贫困，小时候因为贫困辍学，又因为贫困嫁给了村子里最穷的年轻人。为了养家糊口，她和丈夫做的第一份工作是在大街小巷收垃圾。善于思考的余红梅发现到废品收购站卖废品的时候，木桶收购价最高。这个发现让她十分高兴，于是干脆不捡破烂，发展出60多人的拾荒小分队专门收旧木桶，一年收入几十万，实现了由收废品到老板的跨越。后来她还是很奇怪，收购的人花那样大价钱收购旧木桶做什么，于是暗地里跟踪调查，发现他们是把木桶加工做成工艺品。这个发现让她激动不已，于是开始学习制作工艺品的方法，她也由普通的收购木桶的老板摇身一变成了工艺品生产企业的老板。

学习力是一种强大的好奇心和求知欲。捡垃圾和卖垃圾的有很多人，只有余红梅发现旧木桶的收购价比较高，小分队几十人中唯独余红梅好奇为什么商人要买这么多木桶？好奇心促使她专门跟着收桶人去结账，了解到其中玄机：废弃的木桶经过加工制成工艺品，价格能翻好几倍！

学习力还是活学活用的能力。余红梅懂得活学活用，懂得把学到的知识转化为资本。自学了技艺之后，不仅制作木桶工艺品，还开设翻新旧家具的作坊，后来生意越做越大，小作坊成了大厂房，价格就数倍数十倍地往上蹿！更重要的一点是，在学习过程中，她了解到那些老物件更大的文化价值。2012年，她注册成立了民俗文化博览园，并安排乡里人在那里展示民俗，带领全村一起致富。

善于学习、会学习并懂得如何活学活用，正是靠着超强的学习力，一个曾经靠拾荒为生的女人，实现了逆袭。学习力是一切能力的基础，这个社会不会淘汰有学习能力的人。

知乎上有人发帖问："现在工作不满意，可又不敢跳槽，因为离开了现在的单位，不知道自己能干什么，该怎么办？"

其实，对自己的生活和工作充满迷茫的人，又岂止他一个。朋友小文凭着高学历，毕业后顺利进了一家外贸公司，也没想过跳槽，就那么安稳地干了五六年。可谁知道世上根本就没有现世安稳这句话，上周老板让她跟外国一个客户对接，这是老板看重的一个单子，老板告诉她一定要用心去做。可是因为对这个项目不太熟悉，和对方用英文文件沟通的时候，她擅自改变文件的模板，结果领导看后大发雷霆，把项目交给了一个"90后"新人。

这个新人对这个项目也不熟悉，不过她善于学习，不仅查找了很多资料，还和做过类似项目的前辈学习取经，不仅策划案做得非常不错，还增加了业务数据的对比，提了一些建议，领导看了十分高兴，直接用了"90后"妹子那版。为了让她服气，领导还把邮件抄送给了一份给她，让她十分汗颜。

事情自然还没完，老板认为一代新人胜旧人，开始逐渐转移新项目，她被挤出核心，落到可有可无的边缘。那段时间，她急得狂掉头发，跟我诉苦：公司太没人性了，好歹我比那个"90后"学历高，在公司干的时间也长。

其实是她没认识到：过去的价值取向是学历能换取稳定，而如今职场拼的就是学习力。这是一个知识爆炸的时代，持续的学习才是职场的核心竞争力。

谷歌公司的人力资源高级副总裁拉斯洛·博克就说过"在不同候选人之间取舍的关键是'现有能力和学习能力'"。不学习，只靠曾经的底子撑着，谁都避免不了"坐吃山空"的结局。善于学习，学习能力强，才能开启人生的更多可能性。

看过《超级演说家》的朋友，或许记得刘媛媛这个人。她出身于连门都没有的农村寒门家庭。少年时，她叛逆、成绩差，前途一片黑暗。青年时代，她高考失利，一度以为人生注定平凡。在低起

点的成长环境下，刘媛媛通过学习力实现了三次逆风翻盘，这三个重要时刻几乎改变了她的一生：22 岁，她用 2 周时间制订计划，6 个月时间复习，一举考取北大法律系研究生。23 岁，毫无演讲经验的她报名参加了《超级演说家》比赛，用 3 天时间总结出演讲风格，登上冠军宝座。24 岁，从没有做过领导的她创立了自己的传媒公司，成为当时备受瞩目的"90 后"创业者之一。

鲁豫曾这样评价她："媛媛，你是当年的我，但你要比当年的我好太多了。"陈建斌说："刘媛媛不得冠军天理难容！"连一贯犀利冷静的乐嘉也被她的演讲触动："不管今天的结果，你成功做到了让很多人后悔。在你的身上有无限的潜能。"

无论是学习上还是工作中，能够很快与别人拉开差距，就是一种了不起的能力，一种强大的学习力。

如果将人看作一棵树，学习力就是树的根，也就是人的生命之根。一个人的学习力，不仅包含它的知识总量，即学习内容的宽广程度，还包含它的知识质量，即学习者的综合素质、学习效率和学习品质；更重要的是知识增量，提高学习力，也就提高了竞争力。现代社会，要想在职场中取胜，拼的不单单是吃苦精神，更重要的是你有没有学习的能力。有，能在这条路上走得更快、更好；没有，就只有被淘汰。可谓是有学习力出众，没有学习力，只能出局。

你可能不太懂学习

在这个知识付费的时代，学习已经成了一个热门词汇。大家都知道通过学习让自己提升技能。终身学习已经成了一个全民口号。但是，你真的会学习吗？

小 a 看见同事在学心理学课程，想着自己也没有什么事情做，于是也跟着去报了个课程。

小 b 喜欢写作，参加了一个传统媒体写作培训班，后来听说新媒体写作赚钱多，退出了传统媒体的写作班，学习新媒体写作。又发现大家正在做自媒体，而自己是一个自媒体的小白，于是舍了新媒体班，报了自媒体班。

小 c 没有具体的学习计划，但是也知道虚度青春不好，学习是一件能提升自己的事情，所以下班后的时间也买书回来看，但是不知道自己具体想学什么，书看得很杂。

这几个人的业余时间都没有虚度，表面上看他们是在学习，但是他们真的是在学习吗？不是！通过学习他们并没有得到什么，所以他们并不是真正在学习。可以说所有漫无目的的学习都不是学习，而是在浪费时间。但是有时候不知不觉，我们就走入了这样的旋涡。

小颖是我以前的一个同事。一次我们办公室的工作进行了调整，

我和小颖的工作相对清闲起来。没有事情做，我们就上网闲逛，发现了网易公开课。我们都是上学没上够的孩子，一下子有这么多课程摆在我们的面前，让我们高兴得不知如何是好。于是决定报几样课试试，她报了儿童教育、心理学等几门课，说她家宝宝今年三岁了，这些课一定有用。当时我也已经结婚了，只不过没有孩子，就想过几年要是有孩子的时候，这些课程一定能用得上，也和小颖一样报了这几门课。课程很长，我们断断续续学了半年的时间，可是接下来的事情，却让我大呼"上当"，小颖因为有宝宝，把学到的经验全直接应用到实际中了。而我，不仅没有宝宝，连要宝宝的计划也没有，所学的知识根本派不上用场，白白蹉跎了半年的光阴。虽然每节课的时长不算长，每天 20 分钟，但是放在一起也是不小的数字。最关键的是，知识是日新月异的，等我生完宝宝，重新拿起这些理论的时候，发现有的育儿理论早已经过时了。而学习那段时间，不同于小颖，我其实忙得焦头烂额，现在回想起来，我越来越觉得自己用有限的时间做了一件没用的事情。更重要的是幼儿教育并不是我想要的，我等于做了无用功，想想就窝火。

后来我接触到时间管理和心理学才知道其中的原因，我是跟风学习的，而不是真正想学这方面的知识，所以，学习并没有对我起到促进的作用。最主要的根源还是因为我不知道自己想要什么。就像行船，你根本不知道目标在哪里，又怎么能知道往什么方向走？

确定目标前首先要问问自己的心，知道自己想要什么后，再确定自己的目标。学习也是一样，知道自己想要什么，想成就什么，想了解什么才去学习，会更有的放矢。都说技多不压身，但是没弄明白自己需要什么之前，真的不建议学太多的东西，多而杂，梳理不出一个清晰的脉络，使得手里的东西不能学以致用，说白了和没学也没有多大的区别。

学习的主要目的是让自己提升，变得更好。提升自己，才是学习的主要目的。没搞清楚目的之前，所有的学习都是徒劳的。知道自己想要什么，找到自己的兴趣方向，并坚持下去，这才是真正的学习。

我们有很多人其实是不了解自己的，不知道自己的长处和短板。不知道自己到底想要什么。给学习做计划，能对你的知识框架进行一次梳理，让你更了解你自己。

另外，学习还有一个最重要的环节——懂得归纳和总结。经过了一段时间的努力之后，你一定要知道自己收获了什么，自己哪些地方还没有弄清楚，还要继续加油。学生都有错题本，把自己不会的、没弄懂的易错的题记录下来。虽然我们是成年人，不需要用错题本记录，但是也要养成记笔记的习惯，记笔记能让我们的脉络更清晰，也更容易树立我们的知识框架、知识结构。

我有一个朋友，就有记读书笔记的习惯。他读《游戏力》这本书的时候，曾经记了超过近万字的笔记。但这本书仅仅有 10 万字而已。也是凭着动辄几万字的读书笔记，他受邀为一家平台写稿，一篇文章的稿费 6000 元。

好记性不如烂笔头，用记笔记的方法，对知识进行梳理，还能活学活用，把学到的知识用起来。知识其实就是为我们服务的，如果学到的东西不能学以致用，那么就违背了学习的初衷。

生活有千万种可能，就看你怎样打手中这把牌。要想在人生路程上顺利行进，我们需要不断地绘制人生地图，而有目的地不断学习是绘制"地图"的最好方式，它能让你的"地图"内容更翔实和准确。

学习要有专门的时段

经常有朋友说，他不是不喜欢学习，也知道学习的重要性，但是生活中有许多事情让他根本静不下心来学习，也没有时间去学习，慢慢地才没有了学习的心思。

是的，学习是一件大工程，需要付出很多的时间、精力和心血。作为成年人，有来自工作和生活的双重压力，学习的确是一件奢侈的事情。但是不是真的就没有时间学习了呢？自然不是，时间是挤出来的。如果不学习，不给自己随时补充能量，你的事业只会原地踏步，你的生活只会一塌糊涂。如果你甘于平淡也就算了，如果你不甘于平淡的话，就要拿起学习的武器。大家都很忙，但是再忙也要给自己留出充电的时间。

这个时间最好是专门的时间。大家都应该听说过 NBA 运动员科比疯狂练球的故事，他发过一个"炫耀式"的提问："你们见过凌晨四点的洛杉矶吗？"原来为了提高自己的球艺技能和锻炼自己的身体素质，他每天四点准时起床练习。人都是有惯性的，当一个行为成为一种习惯，并在一个固定的时间执行，就会在头脑里形成一种惯性，到了那个时间节点就不自主地那样去做。养成习惯以后执行起来就会相对容易多了，并且人的生物钟也会随着你的习惯而自动调整。我认识一个立志进新东方做讲师的网友，他在半年的时间看了近百部的英文电影，看电影的时间都是下班后的两个小时。他说自从下班看英文电影之后，只要下了班没有什么事情做，第一件事就是打开电脑，第二件事就是找高分的喜剧电影看，有时候是不由自主就去找，简直是不看都不行。可见用专门时间学习和提升的好处——成为身体的习惯，渐渐如影随形。

想要打造专门的学习时间，就要先好好规划自己的时间。时间分可控时间和不可控时间，那些可以控制的，不被别人打扰的时间才适合学习。这要根据个人的生活习惯和环境来判断，有的人在早晨的效率高，并且早晨的时候没人打扰，可以用早晨时间来进行学习。一年之计在于春，一天之计在于晨，早晨的头脑峰值是最高的，更适合学习新知识。所以现在很多文章都号召大家早起，用早晨的时间充实你的大脑，这样这一天都会活力四射。

我曾经利用早晨的这段时间考下了教师资格证和国家二级心理咨询师证。那段时间我是颇为自己自豪的，虽然早上少睡了不少觉但是背了一些题之后再去上班，觉得非常愉快和充实，整个人也神清气爽的，连街上急躁的喇叭声都变得悦耳起来。

不过好景不长自从老公每天上班的时间调整到早上6点，我的早晨学习时间就被剥夺了。我开始调整时间，用晚上睡觉之前的那段时间开始新的学习。大约是10点之后吧，学习两小时到12点上床，也不耽误第二天的工作。当时我已经拿下了心理咨询师，也已经有了小宝宝，就想着学习一下幼儿教育的知识，好带宝宝。每天家人都睡下之后，我就看家庭教育类的书，看了大概有几十本，做了几万字的读书笔记，获得了不少知识，这些知识在我育儿的路上给了我很大的帮助。

那段时间其实我的工作也有些忙。但是无论怎么忙，每天十点之后，我一定拿出一两个小时去阅读。人其实是有惯性的，记得有一次，我特别特别累，就想着今天不学习了，早点休息。可是躺在床上，心里就非常不踏实。有心事自然睡不着觉，我只好重新坐在书桌前，看了20页书，写了一篇读书笔记，再上床的时候，心里就踏实多了。因为我学过心理学，知道这是因为我的生物钟已经适应了我的生活节奏和生活定式。这个定式一旦形成习惯，要想改变生物钟都不答应你。所以留出专门的时间学习，把学习当成一种习惯，学习于你就不是一件多难的事情了。

每个大人物都有专门的学习时间，我们也可以有自己固定的学习时间，这个专门的时间不一定是大块的时间，因人因事而异。

关于这个学习时间，你可以根据自己的状态来设定。如果有的人早晨时间不允许，那也不必强求，早晨没时间，晚上也是可以的。不必纠结于必须早上学习，或者是晚上学习。如果实在不了解，不知道自己什么时间好，可以先给自己列出一张时间规划表，看看你的时间是怎么分配的，找到你的空档时间。这个空档时间就可以成为你的学习时间。如果这个空档时间是固定在某一个时刻，就可以作为你专门的学习时间，效果自然会更好。

在时间规划表的下部把这个时间用记号笔圈出来，时刻提醒自己这是你专属的学习时间。专事专做，这段时间排除一切干扰，只做学习和成长提升的事。关于这段时间的长度，可以是几十分钟也可以是一两个小时，要根据你的时间情况和身体状况来定。人的注意力也是有限的，过犹不及。学习的时候一定要集中注意力，心无旁骛。学习还贵在走心，贵在一点一滴，只有真真正正用心做，真真正正用心做好，效果才会好。

给自己的学习做规划，可以从最简单的开始做起。比如每天读20页书；每周看一部电影，写一篇影评；每天听半个小时的英语演讲等。也不用给自己太多的压力，什么事情的形成都有一个21天定律，把你的计划坚持21天，你就会发现你与刚开始时候有很大的不同。

不过 21 天仅仅算是一个开始。我们应该都听说过 1 万小时定律，想要在任何一方面取得成就，都要进行最少 1 万个小时的学习。我身边就有朋友通过 1 万小时努力站在了英语演讲台上。还有的通过 1 万小时的努力写出了人生的第一本书。21 天仅仅是扣开了向上迈进的大门。

学习从来没有捷径，你能成为怎么样的人取决于你把时间花在哪里。你把时间花在学习上，才能成为一个学习型的人，最终才能成才。

学习也要有规划

几乎所有的学习者，都在寻找有效的学习方法。有规划的学习是最行之有效的方法。

大家都知道学习的重要性，但是，不是所有的知识都适合学习，也需要像目标一样有规划性，知道自己要学什么，知道自己应该怎么学，并且知道一段时间之后要达到什么样的效果，这样的学习才算是有效学习。

一般来说，我们的学习有两个目的：一方面是专业上的提升；另一方面就是个人能力上的提升。

一类是专业提升类的学习。现在有不少职业都是需要再学习的，因为上学时候学的是单一的学科知识，但是工作之后会发现单一的学科知识不能应付各种各样突发的问题，所以，就需要加强别的方面的学识和认知。比如教师需要撰写学科论文和参加进修，医师也需要参加各种考试。这些都是需要增加专业学习的，也就是所谓的理论联系实际，保持足够的学习动力，才能让你在工作中游刃有余。工作中自然没有时间学习，学习的任务就需要我们自行安排时间。如果你恰巧做这几种职业，又不想在这个职业上平平淡淡过一生，你首先选择的应该是提升你的专业素质，进行专业方面的学习。

这类学习说简单也不简单，说难也不难。简单的是，我们已经有了实践的操作，只需要钻研一些理论知识就可以了。难的是这些知识一般都具有专业性，书籍一般都是大部头的，比较枯燥，读起来有一定的难度，学习的时候一定要耐得住寂寞。对于比较晦涩难懂的，还需要借助一些其他的书籍，学习起来还是有一定的深度。不过所有的努力都不会白费，学下来之后，你的事业一定会更上一层楼。

另一类就是自我提升类的学习。这一类学习的范围可以稍广一点。既然要提升，就得想好自己想要提升的是哪一方面，之后进行相应的计划。比如想提高英语水平，或者发现自己沟通方面不够好，想要提高自己的语言沟通能力跟社交能力等。一定要有的放矢，有了方向才知道下一步该怎么做。

无论是哪方面的学习，都需要给自己制定一个目标，也就是你

学习了之后，要达到什么效果，比如学过之后，拿到什么级别的证书，达到什么样的水准，或者获得一个什么样的奖项。另外还要给自己设定一个时间限制，比如一年内拿下英语六级，两年内成为高管等。其实无论制订什么计划，都是越详细越具体才有利于你行动，最后的效果才更好。

当然学习也要有节奏，要循序渐进，要恰当地安排你的学习任务。如看一本难啃的书，要一个章节一个章节地往下走，弄清楚了一个知识点后再看下一个知识点，而不是拿过来就命令自己看懂全书。逼自己可以，但是一定要量力而行，有时候给自己设置的标准过高，不仅不能起到把自己变得更优秀的作用，还可能由于过高的要求无法达到而中途放弃。

知道了学什么，有了方向，学习还要有定力，有专一性，最好一段时间都专攻一个方面，这样效果才明显。如果今天学口才，明天学心理学，后天又想学习写文章，别说学一个月两个月，就是学十年八年，也不会有太高的回报。

只有做了详细的规划，才能把学习当成一种状态，随时随地走进去，这样才能效率更高。所以，想要在学习上有效率，还是先要好好地给自己的学习做一下规划。

这个规划可以做得详细一点儿，比如给自己多少时间，达到怎样的结果。

刚拿笔写作的时候，我根本不知道自己要写什么，更不知道能写什么，就在网上找了一些邮箱，埋头在家里写了投，投了写。效果自然是可想而知的，每篇文章投出去都如石沉大海，音讯全无。后来和一个网友聊天，他说你想干什么一定要有个方向，比如你是想写报纸啊，还是想写杂志呢，两种风格不一样，你要有所侧重。我平时不怎么看报纸，也觉得杂志高大上一点，便告诉他，我还是比较喜欢杂志。他说，那你就找和你风格相近的杂志，专攻它，术业有专攻，每家杂志的风格是不一样的，你只有揣摩出他们的用稿风格，才会一举中第。我听从了他的建议，选择了我比较喜欢看的杂志作为专攻目标，研究每个栏目的用稿风格，再分析每篇文章的写作手法，模仿着写。

我当时的心态特别好，给自己四个月的时间。我告诉自己，一定要在四个月之内攻下这家杂志。为了这个目标，这四个月我全力以赴，有时间就写稿，找素材，研究稿件。后来的结果是，三个月之后，我的名字就印在了这家杂志的目录里。看到名字的时候，我真的有些激动，如果我当时没找到这个方向，而是盲目乱写，一定还在原地踏步，说不定早已经放弃了。世界上就没有一蹴而就的事情，所有的事情都需要耐住性子、有计划地一步步来。

给计划定个时间期限，还有一种作用就是校正自己的航向。人生并不是坦途，我们的每一次选择也不一定都是正确的，要给自己试错和改正的机会，所以发现自己偏离的时候一定要把自己拽回来。学习本来就是为了成就更美好的自己。我们的目的是走对路，走得更好，而不是在一条并不适合自己的路上奋力狂奔。

除了学习有规划，还要学会让时间重叠，因为有很多时候是可以同时做两件事情的，比如吃早餐的时候听外语等。

影视演员韩雪的学习能力特别强，特别有学习意识。有一段时间韩雪学英语，早上煮早餐的时间，都和外语老师连线练口语。在片场拍片的间隙，更是外语不离口。所以在短短的一年时间，韩雪外语成绩飙升，能连续做 15 分钟的英语演讲，语言流畅，口语纯正，让人叹服。

不敢，会把你推向很远

"姐，那个事情我不去了，你还是找别人吧。"一大早刚起床，我的微信就跳出这样一条留言。

留言是我带的一个实习生发的。事情是这样的。我接到了一个外地出差的任务，任务很急，但是我的手里还有其他的工作要做。他和我工作很久了，一直做得不错，心想着这是一次极好的锻炼机会，就吩咐他代替我出差。谁知道昨天晚上刚刚布置下任务，今天早上我就收到了这样的一条信息。我马上打过去电话问他为什么，记得当时他是满口答应下来的，怎么这么快就反悔呢？出了什么状况吗？听到我的质问，他没有觉得奇怪，而是吞吞吐吐地给出了一个他不去的理由："我昨晚想了半宿，还是有些害怕做不好，所以我还是不去了吧，我有些不敢！"

他这句话让我大吃一惊，我直接问他到底是怎么回事？他一再道歉并且表示以后一定好好修炼，不错过机会。

听着他歉意十足的道歉，我却不能原谅他，都说养兵千日，用兵一时，世上的所有事情都败在一个"等"字上，总是用不敢做挡驾牌，什么时候能够独当一面，什么时候能够学以致用，真正成长起来呢？

这么多年来，我们都有一个误解。学习就是坐在书桌前，学书本上的知识。其实学习有一个更主要的目的是应用，当你不能把学到的知识应用到实际生活中的时候，你的一切学习都是徒劳的。

一年前有个闺密和我聊天。她说几天前主管让她去接手一个项目，可是她没有去，现在想来有些后悔。我问她那你当时为什么不去呢？她说因为刚来半年，还在学习阶段，有些害怕自己做不好，就没敢去。现在真有些后悔了，因为她发现那个任务其实很简单。

又一个"没敢去"！机会是长脚的，当你不抓住它的时候，它就会溜走的，没有一个机会会在一个地方等人。想提升自己就要抓住一切可以锻炼自己的机会，有时候没自信，一句"我不敢"，可能把自己与提升机遇和所有的可能隔得很远。所以高效学习，还有一个更重要的要求是相信自己，抓住一切可以锻炼的机会。

除了学习书本上的理论知识，我们还需要有一项强大的能力，

就是变现的能力，让你的知识储备变现。人们不会嘲笑做不好的人，只会嘲笑机会在他面前溜走抓不住的人。

之前我在一家连锁酒店做过一阵前台。酒店老板有很深的文艺情结，非常注重文化，要求所有员工都写工作日记。当时我刚从学校出来，也不知道他要求的工作日记都写什么内容，就把在学校写作文的"本事"拿了出来，把工作心得、生活感悟一股脑都写了进去，因为写得有趣，大家都争相传看，让我的心里好一阵得意。这时候得到消息，酒店内刊缺一名编辑人员，董事会让员工毛遂自荐。大家都建议我试试。可是那时候我刚在酒店工作一个月，害怕选不上让大家嘲笑，申请表扔在那里很久也没敢签。这件事情被大家好一阵嘲笑，说我把到嘴的鸭子放飞了，我也非常后悔，即使选不上又能怎么样呢，为什么不试试呢。后来因为店庆，酒店又让大家每人写一篇文字作品。这次我汲取了上次的教训，决定抓住机会秀一把自己，也一雪前耻，旁敲侧击地向老员工打听了很多酒店的创业故事，写了一篇三千多字的散文。天下没有一分努力是白费的，凭着这一篇散文，我被破格调到了编辑部。直到现在我都挺感谢当年自己的勇敢和用心，如果我不那样勇敢迈出那一步，总蜷缩在"我不敢"的墙角，我不会与文字结缘，更不会走到今天。

人的一生机会是有限的，好运不会随时伴随着你。有研究说，人的一生只能有几次重要机会。第一次在十几岁的时候，但那时候你比较小，根本不知道，所以就错过了，其余的机会在 25 岁到 30

岁的时候和 30 岁到 35 岁的时候。错过这几次，好运降临你身上的概率就会大大降低。

现在我做着一个教育平台的兼职导师。而这个导师的机会我也差点错过。当时我在教育培训机构做老师，也不知道自己到底怎么样，一个朋友问我愿不愿意到网络平台讲课，我想都没想就拒绝了，因为我实在不敢保证我能教会别人。朋友告诉我，你一定要相信你自己，大家都是零起步，你一定能够胜任的，而且这也是你一次提升自己的机会，带别人的时候发现自己的不足，更好地向前走。

朋友的话给了我极大的信心，我也就开始了导师的生涯。后来我发现朋友的话和我的选择都是正确的，因为我做得很好，学员们也都非常喜欢我，也算收获了一众小粉丝，除此外还结识了很多志同道合的朋友，间接地拓宽了我的视野和思维。虽然忙点儿，累点儿，但是收获远比付出多。经过这件事情，我才明白做事情一定要相信自己，别轻易说"不敢"让自己白白错过好机会。

要深度学习，就要和你的手机说拜拜

听过深度工作、深度睡眠，我不知道你们听没听说过深度学习。深度学习，是一种超强的学习能力，用最简单通俗的话来说，就是集中精神、不受打扰、长时间地学习，是一种最理想的学习状态，但是现在有很多人已经偏离了这种状态，停留在浅层学习。深度学习的时长最起码要保持在一个小时以上，并且全神贯注。

王云五先生是胡适的老师，我国著名的出版翻译家。胡适在一篇文章中写他是怎样自学英语的：先生先找到一篇英文的名家佳作，熟读几次以后，把它翻译成中文，等过了一星期之后，再依据中文反过来翻译成英文，此期间绝不查阅英语原文。翻译后再与原文比对，找出自己翻译的错误、失误和不够精良之处。如此反复练习，王云五先生练就了扎实的英文功底，为日后的英语教学和出版事业打下了坚实的基础。

全情投入，彻底深钻，这在王先生那个信息不发达的时代好像很容易做到，在我们这个时代就有一定的难度，因为我们已经进入了一个高干扰时代。无处不在的资讯新闻，各种功能强悍的通信工具，总是挑战我们的神经，打断我们的思路，使得我们好像置身在一个巨大的噪声工厂里面，人跟着变得浮躁和焦虑，想静下心来做事情，就成了一种奢望。这些干扰中手机的干扰最大，手机功能太多了，尤其是那些功能强大的应用，不仅妙趣横生，让人欲罢不能，还保持着随时更新的战斗力。比如"跳一跳"小游戏和火山、抖音小视频。现在这些小视频几乎占用了将近一半的休闲时间，连小学生都要拍上一段视频秀一秀。手机很方便，小巧便捷，随时都可以带在身边，几乎是伸手就可以摸到。这诸多好处让我们对手机欲罢不能。

但是弊端就是，现在能静下心来做一个小时工作的人都少之又少，即使有时间，也很难集中精力。

大家都知道是手机惹的祸，但是却又无能为力。因为现在我们的工作和生活已经离不开它了。网络上曾经有一个扎心的漫画，一个人端坐在书桌前不知是学习还是工作，他的脑海中不时显现微信、手机、QQ新闻等页面。这张漫画形象地描述了很多人的现状。有多少人能够坐在那里安安心心工作不想其他的呢。我只知道我身边没有。

我身边人的工作状态都和漫画里的人的状态差不多。坐在那里马上要工作或者学习的时候，心里想了一遍又一遍微信里面是不是有人给我回信息，QQ群里是不是错过了什么重要的内容，有没有人@到了我。明明知道那些都是无关紧要，但是忍不住去想。包括我也一样，隔上一小会儿就要摸一下手机，好像一会儿不看就要错过一个亿，而让自己遗憾终生一样。

其实能有什么大事呢？朋友圈还是刚才点的赞，几乎都没有刷新，因为刚刚放下手机没几秒钟。新闻置顶的还是刚才那条资讯，因为页面还没有完全退出。

如今，工作和学习的时候被电子产品干扰几乎成了世界性的难题，尤其困扰着想上进又无法抵御诱惑的年轻人。

但我的一个朋友却让这个问题迎刃而解。一天，这个朋友觉得这些智能产品严重地扰乱了他的生活，所以在每天工作的时候，都把手机调成静音的状态，而他一旦开启工作模式，电脑的网络都要断掉，给自己一个非常纯净的环境。

他说他实在控制不了自己的手不去打开别的网页，所以只好关掉。抖音和火山小视频刚开始流行的时候，他也下载了抖音和火山小视频，没事的时候也看一看。可是有一天他发现自己已经依赖上了这两个软件，果断地把两个软件从手机上卸载了。

我的另一个朋友对于手机的使用更是干脆。他给我看过他的手机界面。上面只有通讯录和短信两个图标。好好的一部智能手机被他弄成了老人机。他说他以前也下载了很多个 App，这些软件的作用也很大，让他能及时地了解资讯，知道各种消息，还能看到最新的书。但后来发现这些软件还有一个更大的弊端，浪费他的时间，破坏他的注意力，所以他把它们一一卸载了。他说手机的功能原来只是通信打电话的，不是我把手机用废了，而是我把手机恢复了它本来的样子。

在我看来，他不仅把手机恢复了原来的样子，还把他自己也恢复成了原来的样子。想看书，捧着一本纸质书，而不是听图书领读 App 里的提纲；想看电影有电脑和电影院，不用把眼睛紧盯在手机屏幕上；想跑步，到公园而不是跑步机。

前一阵子中国石油大学一个宿舍的四个女生火了。火了的原因是，经过一年的拼搏，她们都成功考研。这几个女孩子从上大学那天起就发誓要用心读书，给自己铺设一条最好的路，所以她们不逛淘宝，不刷剧，不打游戏，更不谈恋爱，没事的时候就泡在图书馆里。为了阻止手机对自己的干扰，她们甚至集体用了老年机。

可能很多人都认为她们上大学上得有些亏，可只有她们自己知道，她们有多赚。想要高效学习，面对诱惑的时候一定要舍得忍痛割爱。有舍才有得，你不舍得，怎么能得到？

屏蔽你的干扰源

我们生活在尘世中，有许多事情干扰着我们，让我们很难静下心来，尤其是想要学习的时候。我有一个要好的朋友向我诉苦，人成年之后想多学点什么怎么那样难呢，那么多事情等着我，好像我停下来世界就不运转了一样。

这位朋友是一个新晋的宝妈，一对双胞胎儿子才一岁多一点，目前全职在家照看俩娃。但是不知道是被什么触动，她想提升一下自己，免得有一天外出工作被淘汰。于是她就遇到了亘古难解的难题，没有办法从琐事中跳脱出来学习。

其实这样的情况不仅仅发生在宝妈身上，一些初入职场的年轻人也经常遇到。他们的工作与自己所学的专业并不对口，与自己的兴趣爱好更不合拍。他们一方面想做好工作，另一方面又不想失去自我，还想迅速提升让自己在这个社会上多几分分量，所以在要不

要学习和怎样学习上纠结着。

所有阻碍你做事情的力量都是一种干扰，可我们成年人要提升就要每天面对这些干扰。比如有小宝宝的妈妈，可能会突然想到宝宝的奶粉是不是要用完了，晚上要给宝宝做些什么辅食，明天是不是要给宝宝照相。一个业务主管会突然想到我今天下午把工作交给小刘了，他是否会如期完成，下个月的统计表我是不是该做了。可以说能让我们分心和分神的事情太多了。

为什么呢？因为人虽然离开了刚才的那个圈子，但是思想和心还是留在刚才那个圈子里面。就比如你现在虽然没有做看护小宝宝的工作，但是你的心已经留在小宝宝身上，让你无法集中精力工作。

要想不分心，最好的办法就是把它们提前处理好。比如一个有宝贝的妈妈要在晚上充电提升，可以在这个学习时间之前把所有的事情做好；业务主管可以把事情拜托给一个踏实可靠的下属，要相信对方的能力，也相信自己的判断力，不必事必躬亲。把这些琐碎的杂事处理好，你坐在那里学习的时候心就会静下来。

经常听到朋友说，等我静下心来的时候，一定要做什么什么事情，可是迟迟没有见朋友行动。见到他的时候，他说，现在还没有静下心来。其实这个静心是自己给自己制造的，而不是等来的。心不静，是因为有牵挂。你把你牵挂的事情都处理好，还愁静不下心来吗？

有一位宝妈，刚有小宝宝的那几年，她全职在家里带娃，真的是整颗心全都扑在了孩子的身上。当时没觉得有什么不妥，还为自己的母爱爆棚疯狂点了一阵赞。可是后来宝宝大了，她发现自己跟社会脱节太多了，如果不重新工作学习就真的被社会抛弃了。她决定学心理学提升自己，先是报了学习班，后来又买了很多书。但是坐在那里看书的时候，总是想着这件事情或者那件事情没有做，一直静不下心来。后来她干脆把所有的事情都做完之后，才坐在那学习。把那些杂七杂八的琐事处理完之后，尤其是把小宝宝哄睡之后再看书，心里安定了不少。

所以想高效学习，有时候不要时刻把心思放在学习上，因为大家都是成年人，有很多的事业和责任，先把事情处理好，再坐下来学习的时候，心里会舒坦得多。不然总是有一种不务正业的负罪感，做什么也做不安生。

最耗费心神的干扰就是那些可有可无的社交。生活在社会中必然离不开交往。但是有许多的交往真的可以避免，比如没几个熟人的聚会，自己不太感兴趣的活动。这些不仅侵占了我们的时间，还侵蚀了我们的意志，让好不容易凝聚起来的向上奋进的意志力松懈下来。这样的活动一多学习的心就淡了，更别说坐下来埋头苦读。

学习是一件需要耐得住寂寞的事情，想要高效地学习，就要试着远离这些喧嚣。你有一颗玩心，永远也不可能安安心心地坐回到书桌前。

除了抵抗不住诱惑等，不能高效学习，还有个原因，就是懒。经常听到人说："我要是上学的时候不偷懒，我也一定考上大学了，我就是懒得做。""如果我不懒，我一定也会成功的。"是的，懒其实也是一种干扰源，是另一个让你一事无成的原因，在潜意识里让我们懈怠。

每个人或多或少都有懒的毛病，以至于不少人的社交软件签名都是"懒癌资深患者"。懒有两种类型。一种是心灵上的，一种是肢体上的。肢体上的懒表现在行动上，什么都懂，什么都明白，就是不愿意动手去干。心灵上的懒，则是懒得用脑去想，懒得思考，相当于没有了思想。一个人没有了思想，就等同于没有了灵魂，所以相对于手懒，心灵上的懒更可怕，它可以控制你的思维。避免心灵上的懒惰就要给自己一些积极的暗示，多接收一些正能量的东西，让自己时刻充满力量、激情和斗志。

可以给自己找一个要追赶的目标榜样，用他的成绩来刺激自己奋进。有时候我们真的不知道自己该做什么，但是找一个榜样，有样学样的，我们就能知道自己该干什么。

对于行动上的懒，就是让你的手动起来。想调动懒惯了的神经，不是一件容易的事，所以要循序渐进。

最常用的方法就是读书的时候记笔记。具体操作其实很简单，就是读书的时候拿一支笔，把重点段落的知识点记下来。一种知识点用一种颜色，再看的时候一目了然，省了很多功夫。你也可以尝试这个方法，读书的时候可以拿支笔做笔记。开始的时候，你可以选择重点词语圈一下，记一下知识点，加深理解，习惯了再添加感想等新内容。过一段时间你就会发现，你可以就书中提到的一些问题发表一些观点了。这个时候你已经离不开记笔记了，读书的时候不拿上笔，你就会觉得很别扭。这时候也就有效地闯过了手懒这一关。过一段时间之后，你可以对你的笔记进行整理和翻阅，直到把所有的知识熟记于心，这时候相信书籍的精髓，也已经被你消化吸收了。

有的人有一个习惯，看过的书，不愿意重翻第二遍，记过的笔记记完了，也就堆在那里。这其实也是懒癌在作怪。这样的人，任凭他读的书再多，再努力，也不会有高效率。做过的笔记不看，等于白记；看过的书，如果不看第二遍，等于走马观花，如果是学术性很强的书，更相当于没看过一样。学习知识最重要的一个过程是复盘，把学到的东西进行积累和总结，如果把这一步略过是会大打折扣的。

所以学习的时候，一定要像上学时候老师吩咐的一样，要时常翻一下做过的笔记，或许就能发现被你遗忘的宝藏；书籍也要常翻常新，不要把你学的东西重新交还给书本。最主要的是不能让人控制你的意志。你是自己行为的控制人，要时刻想着提升自己的学习能力。

向高手学习，才是抵达成功的快捷方法

自从有学习这种行为出现，人们就开始探寻学习的捷径。经过苦苦寻觅，人们发现向高手学习才是抵达成功最快捷的方法。因为高手比较专业，有许多经验和方法，足以带你走出迷茫，而且他们本身都很努力，非常正能量，犹如一本励志教科书，在精神层面上也能激励你砥砺前行。

我的一个文友曾经给我讲了一个他怎样成为写手的故事。他说当初自己是一个写作小白，想写作根本不知道从什么地方动笔。他就在常看的杂志里面选中了一个自己比较喜欢的风格的作者，在网上找到了她的博客地址，学习她的文章再进行写作。感觉自己的文章写得差不多了，又看作者的文章发在哪里，之后找到邮箱投过去。当时也是想碰碰运气，没想到偷师学艺真有了效果，文章投出去就发表了。从此之后，他就像发现新大陆一样，继续找心仪的作者学艺，现在他已经小有名气了。他说高手绝对像灵魂摆渡人，在你迷茫的时候一定能给你指点迷津。

他这句话一下子点醒了我。虽然说每个人都是一步步走过来的，但是高手都是在这个领域精耕细作多年的人，有相当多的经验，用一句非常俗的老话，他们吃的盐比我们走的路都多，向他们学习能

少走弯路。因为在这个世界上，你遇到的 99% 的问题和困惑，别人都已经遇到过，而那一部分先行的人摸索出了一套靠谱的方法，已成为这个专业的高手了。你只需要抓住这样的人，向他们学习，就可以少走弯路，因为成功的道理都是相通的。

那么什么样的人才算高手呢？我们应该怎么样向高手学习呢？

首先说什么样的人是高手。孔子说过"三人行必有我师"，我们身边那些做得比我们优秀的人都可以称为高手。我们可以从他们身上吸取经验，甚至可以当面向他们取经。

当然我们身边的这些高手，并不是真正意义上的高手。真正的高手是在每个行业里处在金字塔顶尖的那些人。他们的学识和才华，足以让你有"听君一席话，胜读十年书"的感慨。所以不仅要向身边的高手学习，更应该向这些顶级的高手学习。在一个高端的企业圈里，流传着这样一句话："一定要向有结果的高手学习。"这个"有结果"，就是在行业里边已经做出了成绩，足以引领风云的意思了。

现在是一个分享的时代，找这样的高手并不是很难。虽然不可能面对面地请他答疑解惑，但是各种线上课程和名家访谈，足以让我们领略他们的风采，听他们指点迷津。

清华大学总裁班讲师史光起就曾建议年轻人向高手学习。他还提出了几点向高手学习的方法。

1. 利用一切可利用的平台向高手学习

现在是知识付费的时代，所以这些平台还是很多的，比如得到、慈怀读书会、樊登读书会等，都会定期不定期地邀请各种大咖做分享，有的还会被邀请开设课程。不说"听君一席话，胜读十年书"吧，但一定会让我们茅塞顿开的。

2. 制造机会与高手对话

这个听起来有些难度，但也不是不可能的。2015 年，我因为剧本合作的事，加了我们当地一个著名导演的微信，也许是"无知者无畏"，加上之后，我就问了很多剧本写作方面的问题，也包括我写作时候遇到的困惑。导演非常耐心地为我一一解答。后来和我们当地的一个编剧老师聊天，才知道我加的导演不仅是一个著名的导演，还是省内一家著名影视公司的老总，也算行业内真正的高手了。所以说高手没有我们想的那么遥远。通过和这个著名导演的几次聊天，我发现他为人非常随和，而且热情，问他问题，他几乎是知无不言。所以说，只要你有机会，就可以做一下尝试，你会受益良多。

3. 在高手面前，放低姿态

这个应该不用怎么解释，我们接触高手，是要向他们学本领的，一定要放低姿态。三人行必有我师，何况人家高出我们许多，我们取得的那些成绩，在人家的眼里，根本不算什么，所以要低调些和谦逊些，没有人会拒绝一个谦虚好学的人，但是无论怎么宽厚的人，都会在心理上排斥一个傲慢自大的人。

说到这里，想起来一个有趣的插曲。因为写稿，我加入了一家著名杂志社编辑作者群。杂志社编辑们为了提高作者队伍的写作水平，提出要把作者群变成授课群，免费为作者讲授该杂志文章的写作方法，并由主编操刀授课。这对作者来说算是一个天大的好消息，不是哪个杂志社主编都这样为作者送福利。但是有一天，留言框里却出现这样一段话："你们的水平还没有我水平高呢，有什么资格授课？"结果编辑解释都没解释，就把他请出了作者群。事后编辑跟我们说，虽然他们不能保证自己是顶尖的作家，但是他们可以保证自己最了解这家杂志，完全有资格授课。而那个人上来就高姿态，水平也不一定有多高，那样高傲的态度，一定不是来学习的，所以不如腾出地方给需要的人。

　　编辑的话也给所有人敲了一个警钟。既然是抱着学习的目的来的，就要低调一些、恭敬一些。来这里不是展示自己的，多暴露自己的短处或不足，相反可能学到更多的东西。

4. 及时整理并找人讲述学习的对话和心得

　　有一句话说得好，学到的不一定能讲出来，但是你能讲出来，证明你一定学到了。听是一个输入的过程，讲是一个输出的过程，把从老师那学到的心得，及时地整理出来，找个人讲出来能更容易加强理解，并且更能把别人的知识变成自己的东西。

　　武林电视剧中的武功高手都需要打通任督二脉，把学到的知识分享出去也是打通任督二脉，会让你把所学的知识融会贯通。樊登

读书会樊登老师在一次讲书的时候说，自己刚开始讲书做分享的时候，只能讲眼前要讲的那些书，后来随着阅读书籍的增多，现在讲书能把好几本书一起讲，还能做到不串、不乱，引用、联想得恰到好处，感觉好神奇。其实这不应该说成神奇，是一种必然。因为是知识都是相通的，通过他的分享讲述，知识已经在头脑中内化融合，讲的时候自然能够做到旁征博引、融会贯通、水到渠成。

5. 及时地把学到的东西用于实践和生活中

学习就是为了变现，如果不能应用，学了就没有意义了，所以一定要把学到的东西拿到实际中去检验，并且活化成你自己的经验。

获取知识的结果就是把知识应用到实际工作中或日常生活及人际交往中，如果让知识在大脑里睡觉，那就没有任何意义可言了。

6. 不断重复以上几项内容，最好是定期重复一次

这一条虽然短，但是最有用。它是学习是否有效果的关键所在。我们每个人记东西都有一个遗忘的过程，而且随着年龄的增加，遗忘的速度和频率也在加快。不断重复上面几项内容，就是相当于上学时候的复习，也是职场进阶学习中常说的复盘。学习表面上看是一个递进的过程，其实是重复，不断地重复以往的知识，再在这个知识和经验的基础上添加新东西。皮之不存，毛将焉附，如果基础的东西没有学好，新学的东西又将在什么基础上去添加？

学习能力永远是决定学习是否有成果的关键。修炼好学习力，才能给自己打通一条提升的通道，让自己稳步前进。

第七章

理清头绪：绝不陷入低效率的泥潭

你有没有感到自己忙碌一天却收获甚微？你有没有发现自己已经在加速，工作还是压成山？恭喜你，你已经被低效率命中，陷入低效率的泥潭。低效率是深不见底的泥淖，会慢慢消磨你的斗志，吞噬你的激情，让你疲惫不堪、无能为力，还会阻止我们向高效能跨越。想要过上高效率人生，就要清除掉低效率这个人生路上最大的拦路虎和绊脚索。

事事亲为降低工作效率

你是不是有这样的疑惑，自己明明很努力，却没看见丝毫的进步？难道你不是打拼的材料，注定平凡吗？

当然不是。每个人都有成功的潜质，谁都可以成功。不是你注定平凡，而是你陷入了低效率的泥淖，你所做的努力才会没有回报。

一提到做事效率低，大家一定会想到时间管理和规划，认为一定是这两方面哪个环节出了问题，才会陷入低效率的泥潭的。

时间管理和规划上出了问题，的确会让人们在低效率里徘徊。但是你可能忽略了一点，事事亲为也会拉低你的效率。

事事亲为是第一个低效率陷阱。从小我们就被家长要求自己的事情自己做，我们也渐渐养成了这样的习惯。这个习惯算得上是一个好习惯。自己的事情自己做，能增强我们的责任感，让我们更加努力，早日走向成熟，但是它却容易让我们陷入低效率泥潭里面，因为我们每个人的时间和精力都是有限的。做任何事情都需要花费时间和精力，在这件事情上用的时间多了，在另外一件事情上用的

效率模式：如何高效地过好每一天

时间自然就少。没有充足的时间，事情做出来的效果就不会很好。

在做现在工作之前，我在一所子弟学校做老师。我们的校长就喜欢事事亲为。我们学校的旁边有一圈高大的白杨树，刮风的时候偶尔会刮下许多枯枝和树叶。校长是一个责任心非常强的人，每天来的第一件事就是清扫树叶，而且不仅是打扫操场这样的事情，班级里每天的卫生情况，他都要巡视几次，班级的物品摆放，他也是再三叮嘱，学校图书室的书也是他一本一本摆在书架上，而且还细心地做了标签。我当时觉得这并没有什么不妥，而且觉得校长非常有责任心，是一个难得的好校长。可是后来发生的一件事让我对此有了新的看法。

那天上级主管部门突击到学校来检查，检查学校各项业务的时候，发现这学期的消防、安全等规划没有做。校长的解释是开学的事情太多，自己还没来得及做。主管领导被这个解释逗笑了，开玩笑地问他都忙了什么。他说，学校的孩子小，掉下的树枝可能被孩子捡起来玩耍，容易误伤，所以他一定要把它们捡出去。主管领导被他这个解释弄得哭笑不得，考虑他是为了孩子着想，也没过多地批评他，不过结尾却意味深长地说了一句话："你是校长，有些事情让别人做就可以了，你好腾出手来做该做的事。"

主管领导的这句话让我记忆犹新。我们需要干的事情太多了，怎么做也做不完，所以做好自己该做的事情更重要。对校长而言，校园的卫生和环境固然重要，但学校的规划建设更重要。虽然说学校经他一手管理十分干净整洁，但是更重要的大事却被他忽略了。正如领导所说，有的事情真的不用他这个大校长出马。作为校长，他应该做些重要的事，人的时间和精力是有限的。那些打扫操场、管班级卫生等小事，老师完全可以胜任的，而且我们每天在班级里也是一而再再而三地强调，校长如此事必躬亲，说实在的，真的有些多此一举。

有一天我在一个读书会上听到主讲老师说了这样一句话，他说："公司马上要招聘了，我打算招一些实习生，帮我们做一些收发邮件、整理课件等最基本的工作。因为要从这些工作里抽离出来，做更重要的事情。"他说那些实习生虽然没有多少经验，但这些工作他们做起来一定得心应手，而他，有太多的事情要策划和决断，实在没有精力和心力在这些小事上蹉跎。

他的这番话解释了他成功的秘诀：把时间留给更重要的事情。

决定你工作效率的往往是这个"更重要的事情。"事事亲为，看起来很有责任心，但是会让自己的时间被大量压缩，导致没有时间和心情做重要的事情。就像主讲老师说的一样，他把最基础的工作留给新来的实习生，让他们熟悉工作流程，对他们来说是一种历练，对自己来说是一种解放。

生活中还有很多同我们校长一样喜欢亲力亲为的人，他们什么事情都要自己出马，每天把自己整得忙忙碌碌的同时，也把自己弄得异常疲惫。他们不知道高效不等于忙碌，更不等于没有目标的

效率模式：如何高效地过好每一天

瞎忙。

以前我对"事必躬亲"这个词是怀着很大的好感的。但是经过校长的事情突然觉得事必躬亲有的时候真没有必要。你不需要每件事情都自己做，我们应该懂得把事情分派出去，专注做自己擅长的事情，这样做会给自己提供更多的空间，也给别人提供了历练的空间，可谓是双赢。

事事亲为的人，除了让自己更累、更疲惫，每天深陷在琐事里，也会消磨自己的斗志。卢梭就曾经说过，我们的时间和斗志都是在琐碎的小事里面消耗光的。

不懂拒绝，会让你的效率变低

你有没有这样的尴尬时刻：明明自己不想去做，但是挨不住情面，一口答应下来。明明事情做起来有难度，还是拍着胸脯保证"交给我，没问题！"

台湾作家刘墉在《给孩子的成长书》里写过，人的大多数烦恼都来自不懂拒绝。

我就是一个不懂拒绝的人，我最不擅长说的一句话就是"不可以，不行"。

记得有一次我的时间已经被安排得满满的了，我们当地的一个协会主席给我打来电话，问我有没有时间协助他完成一篇采访稿。因为在协会群里我已经看到了这个消息，所以看到是他的电话，我已经猜到了电话的内容。当时脑海中闪过无数个我忙不过来了、不可以、不可以不可以、一定要拒绝的念头，但是等他说完的时候，我还是说出了一句"好的"。

岂止是刘埔，还有很多人不懂得开口拒绝。我的闺密小潘前不久就吃了不懂拒绝的亏。

小潘是一个读书爱好者，空闲的时间喜欢看书。一天周末，她满心期待地想宅在家里好好看看新买的书，一大早就被小姑子的电话吵了起来，问她有没有时间陪自己逛街。她本来想拒绝的，但是想到小姑子是她老公唯一的妹妹，就没好意思张嘴。结果两个人拎着大包小包回家的时候已经夕阳西下了。而且逛街逛得筋疲力尽，她也没有了看书的心思，吃过晚饭就到床上找周公去了。

事后小潘痛彻心扉地说真后悔自己没有拒绝，好好一个周末计划全被打乱了。

是的，不懂拒绝会打乱我们的全盘计划。做事情的计划是和工作效率挂钩的，如果行动的计划都被打乱了，想一想做事情的效率还能高吗？

不能。不懂拒绝会给你带来很多烦扰，这些烦扰势必会降低你的效率，尤其是你已经有了当日计划的时候。股神沃伦·巴菲特说过"你不能让其他人设置你的生活日程"。说"不"意味着你有时

间专注于自己的需要，而不是不断地服务他人。不懂拒绝会让我们处于被动的地位，更容易弄丢对时间的掌控权。

还有一个隐形的不懂拒绝是时刻在线。这个细节可以一下子戳中很多人——每天挂在网上，只要找，随时都在。随之产生的还有秒回、秒赞、秒评等一些"秒产品"。有很多小情侣更是用秒评秒赞考验爱情的忠贞。

我有一个网友，简直是住在了网络上。无论你什么时候找他，他都会秒回你。让人一直怀疑他是不是什么也不做，就盯着手机看。不然怎么那么巧，发信息的时候他便在。后来有一天我问他为什么消息回得总那样及时，他说自己的工作很清闲，每天没有事情做，只好盯着手机看，所以大部分人的消息都能第一时间回复。现在虽然调离了清闲部门，但是秒回的习惯却没有改，隔上一小会儿就要看一下手机，生怕错过了朋友的信息。

事情还没有完。有一天我们闲聊，他说好几年前，自己坐在那里能看一天书，但是现在，就像心丢了一样，做什么都不踏实，别说坐上一天，连续坐上 20 分钟都是奇迹，意志力都不抵一个孩子。他问我自己是不是得了多动症或者失忆症，好怕自己以后会越来越糟。

情况自然没有他想的那样严重，其实仅仅是时刻在线害了他而已。无论是儿童还是成人，专注的时候是最出效率的，你连 20 分钟都坐不住，就别谈深入思考了，又何谈效率？

其实不仅我的朋友，许多人都是时刻挂在线上的。第一时间点赞，第一时间回复，第一时间刷评论，第一时间知道热点，可是恰恰就是这第一时间，让我们忘记了自己本该做的事情。网络上的一句"在吗？"看起来很温暖，但是却是一个不易察觉的陷阱。因为一旦回复很少能一两句话就结束聊天的。漫长的聊天过程，势必打断你的工作思路，中断你的工作激情。

你不是谁的守护神，你也不是拯救世界的魔法巨人，网络不需要你维护，用守护网络的时间做点真正的事情，真的好过在网络全程守候。

万事追求完美会让你效率很低

你是一个完美主义者吗？你有没有想过你的低效率可能来自你的完美主义情结？

追求完美的人，一件事情一定要做到最好的时候才停手。这听上去很美好，什么事情都希望做得尽善尽美，都尽自己最大的努力做到最好，可是恰恰是这个做到最好，拉低了你的效率。因为世上的事情没有最好，只有更好。只能像升级产品一样一点点改进，一步到位地做到最好，几乎是不可能的。而完美倾向的人，总是一次次否定自己，一次次修改自己的文案，甚至为了把事情做到最好，通宵加班，但是他们的效率真的非常低，因为每一次的精雕细琢都需要时间，而工作效率却是和时间直接发生联系的，没有时间做保证，就不会有效率，更别提高效。

完美主义者的最大特点是追求完美，而这种欲望是建立在认为事事都不满意、不完美的基础之上的，因而他们就陷入了深深的矛盾之中，要知道世上本就无十全十美的东西，完美主义者却具有一股与生俱来的冲动，他们把这股精力投注到那些与他们生活息息相关的事情上面，努力去改善它们，尽量使其完美；但是，往往半途而废。也许开始工作时有一股永不罢休的劲头，但后来都会衰减，原因就在于在工作过程中，不完美此起彼伏，他们根本顾及不了那么多，最后只有认输。

我曾经也是一个资深的完美主义者。我在学校做代课老师的时候，有一次"六一"，学校让每一个班级组织一个集体舞蹈。我选了一个比较简单的舞蹈，想着班里的孩子年龄不大，复杂的舞蹈跳不好。选好就开始排练，排得差不多了，有一天我看见隔壁班的舞蹈非常欢快，回头再看自己选的舞蹈就不怎么好了，本着不能被别人比下去的想法，我决定换个舞蹈。没几天又觉得孩子们领会得不好，跳不出我要的那个感觉，又换了一个。结果别的班在认真筹备的时候，我在"认真地"挑选，后来终于选一个比较满意的，离"六一"活动也没有几天了。最后我们班自然没有获得名次。事后我非常后悔自己的"完美"情结，世上本来就没有完美，为什么那样苛责呢？完美真的会杀死高效。

世间的所有疾病都有良药，所有事情也都有方法，只要对症下药，虽然想改掉自己的习惯是一件有难度的事情，但是既然你想提升，想获得成长就需要做一些改变，没有成长是不痛的，舍不得放弃你原来的模式或者习惯，你离高效率会越来越远。被完美情结拉低工作效率，就可以针对性地在"完美"上做文章，改变一下，不那样苛责。

另外感觉自己做得不够好，不完美，还有一个原因，不熟练。不熟练才会心生胆怯，才会不停地推翻自己。如果是这样，你就需要把事情修炼熟练。比如你不满意自己做的表格，可以系统学一下表格操作，以至于达到得心应手。你不满意自己写的文案，可以多研究一下优秀的案例，熟能生巧，勤能补拙，当你成竹在胸，对自己也就满意了，也就不会那样苛责自己，让自己只工作，没效率。

对于技术类的，可以精修学习；对于常规类的，还可以给工作做一个模板。给工作设模板，听起来有些匪夷所思，其实还是熟能生巧的化用。有的工作是讲顺序的，先做这件和先做那件有很大的差别，所以工作时候细心找出用时最少、效率最高的工作流程，那么工作起来会更得心应手，效率自然就更高了。

以前工作的时候有一个同事，无论老板安排什么任务，他都能第一个完成。后来发现他之所以这么高效率完成，是因为他有自己的工作流程。这套流程就是他的工作密码，能保证他高质量地完成

工作。

　　模板听起来像贬义词，但是按照现代管理学的理论来说，大到一个国家，小到一个组织都需要按照某种规则，建立一个管理体系，这样就可以使得整个体系顺畅地运行。然而对于个人而言，作为一个有心想要成功，不甘于平庸度过一生的人，都有必要理顺一下自己的人生，为自己建立一套管理体系，并且按照这个体系运行。这个体系就是我们今天所说的模板。

　　工作的时候，这个模板能让你的思维进入生产的齿轮，没有的话，当你必须完成实际工作时，你将总是浪费时间在如何开始上。

　　为什么这么说呢？因为做事情都是需要磨合的，都有一个从熟悉到熟练的过程。在这个磨炼的过程中，如果善于发现和总结，就能找到一个更适合自己的模式，这个模式就能让你事半功倍。

　　我们追求效率，其实就是在这一个一个的小细节上做文章。达到让我们迅速地熟能生巧，更好地完成任务的目的。

　　所以工作的时候要留心，先给自己整理出一套适合自己的工作模板。这样做起来会省心很多。等熟悉这项工作了，可以拓宽一下新的思路，去学习新的技能，也可以修炼你擅长的领域。

　　不过给工作做模板，需要有极强的总结和归纳能力，只有在工作的时候不断总结、积累、调整和改善，才能打造出一套适合我们的工作模板来。总结摸索工作的套路不是投机取巧，而是借力打力，更好地提升工作效率。而更多的人，工作的时候并不知道归纳和总结，更别说总结出一条适合自己的最有效方法，只是机械地做，即使你看起来很勤奋，却不见得有高效率。

低效沟通让你越来越低效

你听说过低效沟通吗？我们一直在排查低效率的原因，却很少人注意到低效率的沟通也是造成你做事情效率低的原因之一。

或者大家第一次听说低效率沟通的概念，先给大家普及一下，沟通是两个人互相联系、交换想法和思想的一种社交手段，低效率沟通就是虽然把沟通的预约发布出去了，但是并没有得到马上的回应。

以前，沟通方式比较单一，只有面对面的沟通和电话沟通两种形式。这两种沟通方式有一个显著的特征，都能马上得到反馈。而现在，随着社会的进步和互联网事业的发达，沟通已经不拘泥于单一的形式。QQ、微信、陌陌等社交媒体都是大家沟通的新方式。尤其是微信，成了大家沟通的首选工具。有80%的人表示沟通的时候会用微信，因为它的功能很奇特，有打字输入、语音录音两种功能，相对来说比较方便快捷。但是唯一不快捷的就是，如果对方手机没在身边，答复就一定不能及时，如果时间紧，工作多的话，把事情忘了也说不定。我就有好几次这样的经历，知道有信息过来，但是

正忙，不方便回复，就想着忙完之后再回，结果一忙就给忙忘了。

在沟通上，有的人有一个特点，说事情或交代任务的时候，不喜欢直截了当，而是喜欢采用迂回战术。尤其是有了微信之后，大家更喜欢采用微信留言的方式，而后一次次盯着留言看对方的回复。可以说这样做没什么不妥，把消息传达出去了，就需要等对方回复的。但是对方在没在线呢？你仅仅是单方面地传达了过去，对方并没有看到，没有及时地给你反馈，你这次沟通，在意义上来说还是无效的。虽然对方看到之后会给你答复，但那个答复距离你发出那个消息之时，已经过去一些时间，不是那么及时了，更没有打电话来得方便和及时。

很早以前读过这样一个故事：

有一天，这个老教授接到了一个电话，是他的学生打来的，问他在不在家，方不方便见客。教授当时在家，就告诉学生，自己正在家里，如果有事情可以过来。当时天下着大雨，半个小时之后，学生顶着大雨来到了他家里。他以为学生冒雨前来，是有什么重要的事情，可是寒暄过后才知道，学生仅仅是问他明天讲座的内容，他好有针对性地复习预习一下。教授听完奇怪地问他："刚才你不是给我打了电话了吗？为什么还要跑过来问一趟？"学生说觉得在电话里面说好像不太礼貌，所以当面来请教一下。老教授听了哭笑不得，告诉学生，电话也是通信工具，它的效果和面对面的请教是一样的，所以请学生以后有事情打电话来，不要总是亲自来跑了。

当时看完了这个故事，我哈哈一笑，觉得还有这样一个古板和不嫌麻烦的人，放着方便快捷的方式不用，专做费时费力的事儿，自己有一天可不能像他一样笨。

谁知道故事过去几年之后，我就重蹈了他的覆辙。事情还得从微信开始说起。我本来是一个不太擅长交流的人，那天突然知道了微信的语音功能和留言功能之后，我像发现了新大陆一样爱上了微信，因为用微信不用想怎么样开口，怎么样交代事情，怎么样询问，等待回复的时候，也不用听对方的声音，也不用面对对方的诘问，不用和对方对话。对于我这种有社交障碍的人来说，它简直是为我量身订造的沟通神器。我对它爱不释手，什么事情都喜欢在微信留言，可是有一天，却差点误了大事。那天几个人要到省里去领奖。领奖的几个人住得比较分散，所以协会询问大家愿不愿意租一辆车一起去。因为明天有一节重要的公开课，单位不允许请假，我在组织者的微信里留言自己去不了了，包车的时候不用把我计算在内。巧的是，组织者不在线。留完言，我看了好几次，那条信息还是躺在组织者的留言框里，也就没当成事，想着他总会看见，总会回复。过了大约有一个小时，我的手机打进来一个电话，询问我同不同意和大家租车一起去。我告诉他，自己已经给组织者联系了，不去了。打电话的人奇怪地问，你是怎么联系的，我怎么不知道呢？他也没有告诉我呀？我说我是在微信里留的言。他听了一下就急了，大声说："这样紧急的事，你怎么还发微信呢？对方要是不在线，你要等

到什么时候，你的留言等于白留。"

这句话把我镇住了。后来细细一想，还真是那么回事。我给你留言了，但是你没有时间回，或者是没有看到，消息还在那里，等于没发出去啊。看来打电话的那个人是正确的。从那以后我尽量少用微信。紧急的通知和重要的事情我都是打电话。

也是从那时候我才知道，自己这一部分的沟通，也可以称之为无效工作，低效率沟通。做什么事情都一样，只要没有效率了就等于没做，完全是无用功。现在什么都在倡导高效，但是如此低效率的沟通，不也是高效路上的一块绊脚石吗？

在使用沟通软件沟通中，最常用的一个词莫过于"在吗"，它几乎成了这类沟通工具的官方语言。想与对方联系，先问一句"在吗"打一下前站，这也没有什么过错，接下来可以直接写你要说的事情，但是有不少人在没有得到对方回复的时候，就再也不发消息了。

有人针对这一个话题，专门随机对话了 12 位职场人士，6 位经理、6 位职员，将他们的感受进行了整理。8 人认为，"在吗"这样的沟通方式没有意义，一般不予理会，等对方的下文再说；有 6 人觉得，没来得及回复怕错过重要的事情，会产生焦虑。大家的意见都指向了一个方向，"在吗"是低效率沟通，会给人带来焦虑和困扰。

举这样的事例出来，不是为了让大家不用这类通信工具，而是说在职场沟通中，不要发送这种没头没脑的信息。应该采取简洁明了的方式，让对方能够很容易捕捉到你的沟通"意图"，这样才能提高沟通的效率。

警惕你的假努力

你一定听说过"假努力"这个词。假努力是指那些表面上看起来很努力，可是却因为不得法、不走心，没有实质进展的人。

我认识的一个合租室友就曾经是一个假努力的人。当时我因为喜欢看书，每天晚上都要看一会儿书再休息。有时候书的内容太精彩就会看到很晚。有一天室友看到我晚睡，她也和我一样开启了晚上不睡模式。不过她所做的事情却和我大不一样，因为小时候就不喜欢读书，所以她晚上打游戏，整整一个晚上只要我抬起头，都能看见她和队友厮杀的画面。而她给家人打电话却说自己在很努力打拼，每天都很晚睡。睡得晚就辛苦了，就努力了？那么努力的门槛也太低了！

室友的"努力"，是明显的假努力，也可以说是打着努力的招牌。此外还有一种假努力，这种假努力不同于那位室友，他们真的在做事情，甚至花费的时间或者心血都比一般人多，但是效果却并不明显。刚参加工作的时候，我有一个同事，每天第一个来到单位，晚上也是最后一个离开，几乎是单位最勤奋的人了，可是她的绩效却实在不敢让人恭维，总是徘徊在中下游。她是真的在努力，但是却真的没效果。当时只是以为她笨，现在才知道，一切的症结在于她的假努力。每天在单位工作的时候，她私人 QQ 和微信都是双开，工作做一小会儿看看图片、聊天天、帮朋友扫个码，看着忙忙碌碌一天，实际花在工作上的时间少得可怜。生活中和她一样的人不在少数，看上去很努力，可是不走心、没效率、没效果，是假装在努力。假装努力，它会让我们对自己的懒惰浑然不觉，以为自己真的在努力。

努力与收获，是永恒不变的因果。表面上在刻苦学习，实际上是在对着书本走神，怎么可能在知识的海洋里高歌猛进？表面上在认真工作，实际上在上班时间里朋友圈每一条更新都没错过，怎么可能在职场出人头地？所有花拳绣腿式的努力，只会徒劳无功。

自制力永远是成功的根本。没有自制力的努力都只是假装努力。而假装努力最能消磨人的意志，它让我们变得拖延、低效。有调查表明，世界上有 75% 的人受着低效率的煎熬。这个数字听起来有点可怕，都说努力没有白费的。但是毫无进展的努力会扼杀一个人的激情和斗志。那些在事情上坚持不下去的人，大部分都是因为低效率而放弃的，因为他们看不到希望。那么，怎样摆脱低效率勤奋，不让自己白白努力呢？

1. 给自己设定一个目标

没有舵手不能行船。在努力奋斗这件事上也是一样。这个目标一定要十分明确，不能朝令夕改；而且还要精细，尽量细化到具体数目。比如一天背诵几个单词，这个月要减掉多少斤，要跑多少公里的路程等，一定要尽量规定出数目来，这样更便于执行。

2. 尽量找到志同道合的队友

虽然都说抱团取暖走得更远，但是一起走的人太多，必然会有一些不同的声音。每个人的意志力都是很脆弱的，当出现不同声音的时候，尤其是在自己的团队里出现不和谐的音符的时候，那你就会失去判断的标准，也同样会忘记自己打拼的目的和意义。

追梦就是一条寂寞的旅程，寻找伙伴的时候，一定要寻找和自己相同志趣的，同样阳光上进并且正能量的人，和他们在一起能互相鼓舞。不然，你只会被拖累得放弃自己的梦想重新回到原点。

所以，要发现身边跟自己有共同志向的人，并努力让他成为你的朋友。因为有相同的梦想，你们才会互相鼓气，而不是颠倒黑白地打击和抹黑。

张萌在《人生效率手册》中把这样一类人称为异能类。张萌说虽然这类人跟大众不同，但是他们是最上进、最有未来的一类人。世上所有的奖赏都是给肯拼搏肯吃苦的人准备的。

3. 经常反思，逃离假努力

假装努力更像是一种心理安慰，会让自己舒服很多。不得不承认，有很多人在假努力，然而假如你有复盘的习惯，会远离假努力。

真的有这样神奇吗？有这样神奇！复盘又称为行动后的反思或

者回顾，能使人和企业及时总结，从过去的成功或者失败中得到经验教训，以便下次做得更好。华为公司每三个月或者半年都要举办一次复盘性质的"民主生活会"，大家在会上总结利弊，制订新的发展方向。

我们作为一个独立的个体，每天结束一天的工作学习后也可以对今天所做的事情做一个归纳和总结。比如反思一下今天工作完成的情况，总结一下在哪里遇到了问题，哪些需要改进，哪些错误应该避免。曾国藩说过"一日三省吾身"，通过这个复盘和反思，也能进一步认识自己。

复盘也不应该仅仅停留在一天这个时间段上。除了每天都要清点，一个阶段要来一个总复盘，比如一个月或者半年，盘点一下自己在这个时间段内取得了怎样的进步，收获了什么，还有哪些不足需要改进，哪些技能需要学习，看看离自己当初设定的目标还差多远，顺便给自己制订接下来努力的计划。因为生命不是仅仅有工作，我们复盘的内容，也不应该仅仅局限在工作上，健康、能力提升，以及人际关系方面都要梳理总结一下。复盘结束一定要写一个书面的总结，几句话也可以，作为以后盘点的参照，及时总结和复盘，可以让你的效率最大化。

复盘更像一个监督，能及时矫正偏差。每天晚上睡觉前把一天的事情做一个梳理和盘点，哪些事情完成了，哪些事情没有完成，做到心中有数，让你不拖债，不欠债。

走出低效率的泥潭

单位同事中，我最心疼老宋。他几乎是我们学校最尽职的老师了。每天在走廊上都可以听到他嘹亮的讲课声，下课的时候，也从来不回办公室，而是留在班上看着孩子们做题。按理说这样认真没有理由教不好孩子，但是这样尽心效果却并不好，他们班的学习成绩总是排名在后面。

我也一直好奇，这样一心扑在工作上，为什么没有效果呢？直到有一天我见到他留给孩子们的作业才明白事情是怎么回事，他还是运用老的教学模式教学，让孩子们一遍遍地抄写生字，每天晚上黑板上也留一黑板的题让孩子们做，上课的时候他再一道道去讲。这个方法在他年轻的时候很有效，但是对现在的孩子来说，效果却不好了。他给的任务量大，孩子都不愿意写，写的时候都是机械地抄，对于写的什么根本不放在心上。老宋误以为自己给孩子布置的任务量不够，加大作业的量，结果把自己弄得非常辛苦，孩子成绩也没有多少提升。孩子的成绩就是老师的成果，孩子成绩上不去，教师做得再多再辛苦也没有用。老宋对自己的教学效果也分外地恼火，做了没多久就辞职了。

老宋到离开学校那天都没有想明白，他走入了一个低效率的泥

效率模式：如何高效地过好每一天

潭，他从没有改进自己教学方法的想法，总是一味地增加工作量，不仅自己在循环着低效率模式，还把孩子们拉入到低效率的泥潭里面。

低效率是个可怕的泥淖，不仅让你做很多无用功，还会让你丧失奋斗的信心和坚持下去的勇气。所以我们想要高效率过好每一天，就必须向低效率说不，从这个泥潭中走出去。那么，我们该如何走出去呢？

1. 要有一个好的规划

如果是规划做得不好，无论你做什么都是无用功，甚至会南辕北辙。

那么具体怎样规划呢？说起来非常简单，就会每天早上醒来的时候对你今天需要做的事情进行一个盘点。按事情的轻重缓急，把事情做一下分类，理清哪些是重要的事，哪些是紧急的事，之后本着要事优先的原则，合理地安排做事的顺序。

2. 对要做的事情进行取舍，找出最重要的那件事情

要是你把所有需要做的事情都写下来，你就会发现每天要做的事情有很多。人的时间、精力毕竟有限，所有的事情都做，并且都做好，不太现实，所以你一定要在这些事情中进行筛选，从中挑出最重要的事情。

筛选的原则是最好留下那些重要紧急的事，那些不太重要也不紧急的事情，不要放在你的时间表里。挑选之后，除了有极特殊的情况，不要再加任务，而是按部就班地把这些事情做好。

实在把握不好的话，可以挑你当下必须做的事情。比如今天有一个重要的会议，你还要在会议上发言，那么你早上来就要静下心来准备关于会议和发言的事情。比如你一会儿要出去采访一个著名的企业家，你当下的任务就是要在网上找一下这个企业家的资料，再结合你手里的资料，做出一份详尽的采访提纲，还要敏锐地分析一下被采访人的喜好，好保证你的采访顺利。

3. 做事情时尽量保证一件事情做完再开始另一件事情

有很多人有一个非常不好的习惯，做一件事情做得特别顺的时候停了下来，或者站起来活动下筋骨，或者翻翻手机和别人聊几句天，之后再重新坐下来工作。但是重新坐下来的时候你就会发现一件特别悲催的事情，因为我们做事情都讲求一气呵成，古语说得好，再而衰，三而竭，你再坐下来已经不那么容易投入你眼前的工作了。

人身体里都有懒散和懈怠的因子，一旦这件事情放下了，就不太愿意再捡起来，即使捡起来，刚才工作时候那种全神贯注的感觉也会没了，往往你留下来的那个结尾，就永远结不了尾了。

在你的事件列表里，一定给重要但不紧急的事情留下时间。因为这样的事情可能关乎你的人生走向，同时也需要充足的准备。不要让太多的不重要不紧急的事情占用你的时间。

一般情况下，人的一天中能全神贯注的时间只有两个小时左右，所以在你的事件列表里，也不需要出现太多的事情，5—6 件最好。把这五六件事情挑选出来，再按照紧急和重要的顺序一件件执行。

第八章

拒绝拖延：用行动证明高效能的自己

你渴没渴望过成为一个高效能人士？但是你喜欢拖延吗？如果你喜欢今天的事情留到明天做，上午的事情留到晚上做，那么，你会永远和高效能绝缘。拖延是高效能的终极杀手，你再美好的欲望，再完美的计划，再无懈可击的人生规划，都将败在它的利刃之下。

什么是拖延

提到拖延症，我相信大家都有一种异常亲切的感觉。异常亲切的原因是现在无论是网络报刊还是传统媒体都有文章或文字在讲拖延症。而大部分人或多或少都遭遇过拖延症的烦恼。因为拖延加班加点，因为拖延挑灯夜读，因为拖延失去机会。有时候你看起来很努力，但是效果不好，很可能是因为拖延造成的。

一个朋友说起他给自己妈妈订火车票的故事。这位朋友的妈妈急着回老家，让儿子帮忙订一张火车票。在手机上订一张火车票几分钟的时间就够了，可是他一个月都没有帮妈妈订。直到最后妈妈生气地说如果再不帮忙订票的话，就自己去火车站买票，他才掏出了手机，五分钟不到订到了车票。他说这个故事的时候还奇怪地暗笑，不就是用手机订一张火车票吗，多么轻而易举的事，怎么用拖这么久。

订票算得上生活中的小事，影响的直接后果可能就是妈妈晚回家些日子，发了几句火。更多的时候拖延会让我们失去非常重要的东西：因为忙于自己的事情，拖延业务进程，最终失去薪水颇丰的工作；因为程序和事务上的拖延，不断失信于客户，最终失去重要的客户资源；因为工作和生活上的拖延，不断取消和爱人约定的出游和活动，最终导致分手或离婚。而这些工作、家庭和人际关系上的重大挫折，往往是我们一开始时不曾预料到的。

现代人的拖延症很厉害，至少 70% 的人都会拖延。罗振宇就在《迷茫时代的明代人》中提出了一个更加大胆的说法：人人都有拖延症！如果不信，可以简单地自测一下。在你的书柜里是否还有没拆封的书？在你的衣柜里是否还有自从买来就没穿过的衣服？在你的手机里是否还有购买的课程从来没听过？人人都爱拖延，人人都在有意无意拖延。

这要从大脑说起。因为是从远古走来，大脑复制了许多原始的基因，其中一项基因就是大脑喜欢做简单的事情和对自己有利的事情。而拖延可以适当地把要做的事情延后，恰当地迎合了大脑的喜好。有一篇知名的大脑研究报告居然把大脑定性成为"好吃懒做没耐心"。文章说，在人类进化的过程中，基因为了遗传复制，自然选择出了"好吃懒做没耐心"的大脑，个体在大脑的指引下，想方设法以最少的投入，用最短的时间，获得最大的回报。这就是人人都有拖延症和都喜欢拖延的原因。人人都喜欢安逸，都不喜欢劳累。

还有的研究文章表述得更形象，说大脑里住着两个小人儿，一个是勤奋的小人儿，一个是享受的小人儿，更多的时候是享受的小人儿主导大脑，所以我们贪图享乐。

看到这个说法，我突然想起了我儿子小时候的一件趣事。那时候我儿子刚刚三岁，生病需要打针，医生根据病情要给他打两针。他听懂了，哭闹着不同意。我问他："那你告诉妈妈是想打两个呢还是想打三个？"他果断地说，打两个。他的回答让我非常惊讶。我也是没有办法临时想出的主意，谁知道他那么小的孩子，就知道选择对自己有利的。小孩都知道选择对自己有利的，那么成人就更知道选择对自己有利的，看来真的是大脑控制着拖延。

后来我在一本书里看到了对这个现象更客观的解释。大脑里有个原始脑，原始脑迫使我们迅速满足自己的需求，理性大脑则迫使我们追求更高的目标和长远的利益，当我们拖延发作的时候，就是原始脑在斗争中占了上风。

心理学把拖延分成了几种类型。

1. 期限性拖延

这是拖延的第一个阶段，也算是拖延的开启和预热期，很多人的拖延都是从这一时期开始的，比如明明知道这一份文案很紧急，偏偏等到最后期限才开始动手，明明知道马上快要迟到了，还磨磨蹭蹭不想出门。一有了这样的拖延状况，就证明你已经推开了拖延的大门，如果不加以克制的话，可能很快会滑进拖延的深渊。

记得我出现这个拖延状况的时候还是做第二份工作的时候。我

学的是教育，工作却是做报表、写文案，偶尔客串一下美工做做设计。不是我多才多能，而是单位小，人手少，我又顶着高才生的帽子，领导就想当然地给我安排各种任务，尤其是认为我教育专业毕业，肯定能写会画，图案设计的工作都交给我来做。他不知道我不是全能，绘画根本就不是我的强项，但是任务来了我只能硬着头皮接下，拖拖拉拉到截止的最后期限才交工。从此开始了拖延之路，什么事情都喜欢拖一拖，有时候不到截止日根本启动不了行动的欲望。

2. 个人事务拖延

有的人能把工作的事情处理得井井有条，但是在个人的事务上拖延。

几年前认识一个小妹妹就是这种类型的人。她工作每天都是完成得又快又好，有时候甚至超额完成。可是回到个人生活里，桌面可以两天不清理，各种费用宁愿在那追剧玩手机也拖着不去交，哪怕是手机费，不扣掉最后一点费都不会去交。有好几次打她手机被告知停机，居然是忘记交费了。

工作不拖延，个人事务拖延，这听起来有点让人不能理解，为什么工作能做到井井有条，今日事今日毕，在个人事务的处理上就喜欢拖延呢？那是因为这类人生性比较懒散，生活习惯上对自己的要求不是很高。工作上，有着各方面的压力能够按时完成，但是在个人事务的处理上，就恢复了散漫的个性。

你怎样工作看不出你是一个什么样的人，但是从你怎样管理自己，能看出你是一个什么样的人。杨澜曾经说过，没有人愿意透过你邋遢的外表，看见你优秀的内在。小拖延大麻烦，虽然暂时在工作上没表现出拖延的现象，但是当拖延这个习惯和气质一样同你如影随形的时候，再想扭转你拖延的习惯，就难上加难了。

3. 简单拖延

如果说前两种是拖延的新手期和入门期，那么这个拖延阶层就是大成期了。前两个阶层拖延还有些具体原因，到了这个阶层，没有任何的理由。

听起来有点绕口，但是在我们的身边，这样的现象却非常多。明明工作就在眼前，但是脑海里忽然闪过一个念头：不想做。这就开始进入到拖延的模式。有一次，我在一个聊天群里看到一个群友的吐槽，他说不知道什么原因，做事情最顺的时候，总有一个声音告诉我，停下来，过一会儿再做，于是就停了下来，但是等回过神来再做的时候，已经找不到刚才的感觉了。

简单拖延，没有理由，就是拖，几乎可以说是拖延的最高级别了。不是所有的拖延都是拖延症，但是到了这个层次，就真的成为拖延症了。到了这个阶层，想要摆脱拖延的困扰就会困难很多。拖延症会让你丧失机会，会消磨你的斗志，会让你总是沉浸在焦虑的旋涡里面。

查查你为什么拖延

人人都有爱拖延的习惯，但是就像感冒由不同的原因引起的一样，每个人爱拖延的原因也是不一样的。总体来说，让你拖着不去做事情有以下几种原因。

一是自己的意志力不强，因惧怕而产生的拖延。每个人在内心里面都是渴望成功的。我们做每一件事情的时候，都会在心里权衡一下，自己做这件事的结果会怎么样？比如自己能不能顺利完成，能不能得到褒奖，如果完成不了的话，会不会被大家嘲笑？会不会因此损失什么？考虑到这些问题的时候，我们就不太愿意开始。当一件事情你迟迟不开始做的时候，拖延就难免发生了。

二是自己的目标定得过高，导致焦虑而产生的拖延。每个人的目标其实都是应该根据自己的实际情况来定的，但并不是每个人的目标都定得那么实际，很多人的目标定得远远高于自己的实际。记得上学的时候，明明我的成绩排在中游，每次考试之前，我都信誓旦旦的把追赶的目标定在班上的第一名。现在听起来真是有些自不量力，但是当时就觉得第一名才值得我追赶，看见第一名的成绩遥遥领先，我也想像他一样。当时我也背题和做练习，但是只有我自己知道，我的效率并不高，有时候做着做着，想起来第一名那个遥不可及的成绩，便焦虑得都不想做下去了。

现在成人后才知道那时我的那个目标过高，让我产生了焦虑，焦虑感又让我不愿意行动，因为我知道，我的成绩是不会赶上第一名的成绩的。把目标定得过高的人，最容易产生这种焦虑心理，所以在遇到事情的时候，也喜欢拖着不做。

如果是因为自己定的目标过高而不愿意去行动的话，那么可以先调整一下你的目标。你可以把这个过高的目标，作为你的总体目标或者阶段性的目标，再制定几个切实一点儿的小目标。

比如满分 120 分的试卷，你的成绩才 60 分，那么就不能把你下一次的目标定在 120 分上，这对你来说难度太大了，可以把它作为学习的总目标，之后制定一个提高 5 分或者提高 10 分的目标。5 分或者 10 分很容易达到，你就朝着增加的这 5 分努力，不会产生那么多的压力和恐惧。学习知识是这样，工作上也是这样，无论做什么，千万不能目标太高。

我们的拖延有几种原因。

1. 为了躲避焦虑而拖延

比如领导让你给一个公司的老总打电话，而你还是一个不太善于和陌生人打交道的人。那么这个电话你就可能拖到很久才去打，因为老板的这个命令让你感到焦虑，你想逃避。

其实这种情况更像是社交恐惧症。因为自己不擅长，所以就一而再再而三地往后拖。现实生活中这样的事例不在少数，可以说一

效率模式：如何高效地过好每一天

小部分拖延是因为这个原因，人们总是对某些事物充满恐惧，因而不愿意去做它们，现代社会，很多事情都是我们自己不愿意做的。没听说有人对美食、旅游、看电影会有拖延症的。大部分拖延症发生在我们不愿意做，但是由于工作各方面原因又不得不做的事情上，不自信是这种拖延的根源，因为不自信，害怕做不好，然后就拖，能躲一会儿是一会儿。

对于因为惧怕失败产生的拖延，晚动手更像是一种保护。比如明明是要求三天时间，他在最后一天完成，之后他就可以说自己仅用了一天时间就完成了。这虽然有点自欺欺人，但对他不自信的心理做了一个补偿，让他误认为自己也很厉害。如果这次文案侥幸通过，这种错误认识就会膨胀。以后再遇到这样的事情的时候，他就会选择这种方式去应对，还会得意扬扬地宣扬他用很短的时间就完成了任务，给自己的拖延找了一个华丽丽的借口。

事实上用这种心理延缓拖延的人，他忘了一件事，老板关心的不是你用了几天的时间完成任务，而是你完成任务的质量。老板给了你充足的时间，你用短时间突击完成，会让你的任务质量大打折扣。如果你经常用这种方式去完成任务，可能有一天你就会列入公司裁员的名单。

2. 因为追求完美而拖延

这点听着匪夷所思，追求完美不是好事情吗？为什么追求完美还能造成拖延呢？

不知道你注没注意到身边有这样一种人，接到一个任务害怕自己做不好，迟迟不肯开始。这种人就是为了追求完美而拖延，他们害怕自己完成得不好，会遭到周围的评论和质疑，所以迟迟不敢迈出第一步。

完美主义导致拖延，往往是因为完美主义者对于所要完成的事情抱有非常高的期望值。这种高的期望很容易导致行为的受挫，而受挫本身又产生失望痛苦的情绪。当这一过程即"高期望→行动→受挫→失望痛苦情绪"被不断强化之后，就会产生逃避机制，拖延对于他们来说是一种自我保护。

3. 叛逆型拖延

之所以叫叛逆型拖延，是因为这种拖延类型的人天生就有一种欲望，不喜欢被别人左右，是那种你让我怎么干，我就不怎么干的人。就如同叛逆期的孩子，不喜欢被人命令，越让他怎么做越不喜欢怎么做一样。

通过以上三种情况都说明，拖延是大脑和你潜意识的行为。我们要战胜拖延，就是要挑战我们的大脑，让大脑根据我们的意识发出指令。

有的科学家形象地称大脑里面有两个小人儿，一个是勤奋的小人儿，一个是贪图享乐的小人儿。工作的时候，贪图享乐的那个小人儿总跑过来捣蛋，而勤奋的那个小人儿却很安分，在我们娱乐的时候，他很少跑过来。所以我们工作的时候容易分心，而娱乐的时

效率模式：如何高效地过好每一天

候都能全情投入。我们对抗拖延，其实就是和脑海中这个贪图享乐的小人儿打斗。意志力强大，就不会被那个小人儿干扰。所以我们要战胜拖延，就需要给大脑发出正确的指令，比如你要想读书，就马上坐在你的书桌前，而不是躺在床上或者拿着手机，你想要工作就马上开始，不让脑子里那个贪图享乐的小人儿乘虚而入。而且你也不要同时有两个念头，比如说，我是背会儿英语呢，还是看会儿视频呢？我是编写文档呢还是吃个冰激凌呢？如果你把这个选择题的选择权交给大脑，它一定帮你选择看视频和吃冰激凌。

所以不管你是哪一种拖延症，都给大脑发出一个马上去做的指令，这样大脑才会配合你去执行。比如给别公司的领导打电话，你可以告诉自己马上去打，接着在纸上简要列出你想说的事，然后把电话拨过去，你一犹豫就会一拖再拖。

有一个美国妈妈曾经发明了一个五秒钟倒计时的治拖办法。她告诉自己做事情的时候都给自己一个五秒倒计时，就像火箭发射一样，数到零，马上开始行动。她把这个方法用到早上起床上，用到收拾房间上，用在开始工作上，屡试不爽。可见假如你给大脑下一个死命令，大脑也会听命于你。不过这真的要看你有没有意志力给大脑下这个死命令，你有没有强大的执行力在接到命令的时候果断执行。

应对拖延症，从不找借口开始

我们是这个世界上最爱自己的人。因为爱，所以经常能为自己找出借口来，比如你有早起的计划和目标，并且已经坚持了几天，但是这一天你有些感冒，身体不舒服，你就会告诉自己，今天自己生病了，多睡一会儿吧。

我在学校工作的时候，有一个同事就非常喜欢找借口，无论领导分配什么任务她都能找借口不完成或者晚完成。

像大脑有向舒适性一样，给自己找借口几乎也是我们的天性。我以前也特别喜欢为自己找借口，记得有一次答应到闺密家去看望她，但是不是要工作，就是要做家务，照顾孩子，一直没有成行，气得闺密说，你每次总有理由。闺密说完话我脸红了一大阵，因为我就是再忙，也不能忙得一两个小时的闲暇时间也没有，况且我没有忙成那样。我没有去，而且给了那么多理由的原因是我有些懒得动，下班回家我宁可窝在沙发上软成一滩泥也不愿意走动，那些借口都是假的，懒才是真正的理由。

但是借口真的可以给你打开妥协的闸门，一旦你今天用了这个借口，那么明天你一定还会找一个借口来不执行你的计划。就像那句名言，你今天撒了一个谎，明天还会有一个新的谎言来圆谎一样。

时间一长，你拖延着不去做的那件事情便不了了之，而你拖延的习惯却养成了。以后无论做什么事情，或者接到什么任务，你都能找出一大堆的借口拖延行动。所以，要想让自己不拖延，就别给自己找借口，生病跟工作没有直接的关系，天气不好和健身也没有太大的联系，如果你想让一生过得美好，就要学着去克服拖延。

除了懒，我们为自己找借口还可能是不喜欢做眼前这件事。因为当我们喜欢做一件事情的时候，我们会不讲任何条件，甚至是不计回报，而我们做不喜欢的事情时，就会百般抵触。其实找借口的时候，我们心里都明白，说出的借口仅仅是因为不想做而已。

但生活就是这个样子。不能处处如意，更不能让我们随心所欲，要理智些，不能靠着情绪来做事情，更不能用喜怒来决定做什么，不做什么。不管你用任何理由拖延，分给你的工作还是你的工作，只会让你完成起来更急迫。

管理大师余世维曾经说过：生活中只有两种行动，要么是努力地表现，要么就是不停地辩解。这正是成功者和失败者的不同写照。失败者永远在找借口，成功者永远在找方法。你总给自己找借口，不敢开始，就可能错过生活中的众多机会，还可能给老板留下不好的印象，让他不放心地把工作交给你，所以千万不要总是给自己找借口。

想不给自己找借口，就不能过分心疼自己。

那些各行各业的精英们，他们每年都会给自己放一个假，外出旅游散散心，作为对自己这段时间工作的犒赏，又比如我们周末的时候就想在床上睡个懒觉，吃一顿垂涎许久的火锅，犒劳一下自己。

但是精英们假期结束后，回来会更努力地工作，他们心疼自己，是为了更好地工作。而我们的心疼自己呢，更多的时候是让自己待在温暖的舒适区里。心疼一下自己没错，让自己过得舒服一些更没错，但是经常性地心疼自己，就有错了，这会让你失去持续努力下去的动力。任何事情都是靠动力支撑的，如果没有了动力，拖延就会变得顺理成章。

不想让拖延乘虚而入，就要关上心疼自己的门。

我们太心疼自己了。因为太心疼自己，该做的事情不去做，该完成的事情不去完成，久而久之就容易养成拖延的习惯，只要有一点点的不舒服就拖着不做。因为自己本身真的有点不舒服，所以知道自己是在拖延，还有些心安理得。遇到这种情况的时候，就要启动狠心机制，尝试着先忘掉自己身体的不适或者烦恼，专注于眼前的工作，让你大脑中那个勤奋的小人儿主导你。

不过我们真是停止不下心疼自己的脚步：这个工作有点难，先放一放吧；已经工作了两个小时，奖励自己发一下朋友圈吧；明天还有时间工作，就做到这里吧……人都是有惰性的，经常一而再再而三地允许自己偷懒的话，那么你的情绪也会随之懈怠下来，当你习惯了松懈再想紧张起来就难了。这也就是人在经历了三天假期或者七天假期之后很难马上投入到工作状态的原因。心散了，不是那么容易收回来的。

人有时候会产生懈怠的心理，但是要学着把它们赶跑。不是不可以放松，人生也需要张弛有度，不然总绷着一根弦，以一个调子生活，任谁都受不了。但是在工作的时候，给自己找一个停下来的理由，就有点不太合适。

大家应该都听过"再而衰，三而竭"。一个人做一项工作，一旦停下来两次到三次，工作的热情就会大打折扣，那么效率就可想而知了。做什么事情还是讲究一鼓作气。

如果你想让一生过得美好，就要学着去克服拖延的习惯，若还不知道克服什么，就从不找借口开始，尤其是从不给自己的拖延找借口开始。

从你的世界剔除明天

"时间不早了，这些留着明天再做吧！"

"急什么，明天再说！"

相信你一定对这两句话不陌生吧。我们经常听到这两句话，有时候是我们自己说的，有时候是朋友说的，有时候是同事说的。

不知从什么时候开始，我们喜欢把太多的事情都交给明天。却没想到把什么都交给明天是高效率的绊脚石和拖延的元凶。

明日复明日，明日何其多，明天只是一个永远到不了的彼岸，你把工作拖到了明天就证明你把你的未来也交给了明天。

　　另外明天之后还有明天，你把今天的事情拖到明天，挤占了明天的时间，那明天的事情，就很可能拖到下一个明天去做，最后的结果是什么呢？最后的结果是，明天永远有明天，你的工作永远做不完。这简直是一个恶性的循环。你将永远有做不完的工作。有句话说得好，世上所有的事情都败在一个等字上，当你决定把事情拖到明天再做的时候，你已经输了。

　　明天永远属于未来。你永远不知道明天会发生什么？就像那句话一样，你永远不知道明天和意外哪个先来。你把今天的事情留到明天，可能会打乱明天的节奏，也可能会被明天突发的事件打乱，导致事情不能如约完成。这一点我是深有感触的。

　　有一次，写作班教学需要准备课件。为了上课充分，很多时候我都是下了这节课，准备下一节课的课件，可是有一次，因为犯了懒，一直没有准备好，不巧的是，那天晚上我还有一个重要的文件要写，时间不是太充足了，我就想第二天上班的时候到学校去写课件。我们的工作轻松，写个课件还是绰绰有余的。然而计划真的没有变化快，我刚到单位，领导就给我分配了一个外派的任务，让我到下面的小学送课下乡。在外面整整忙了一天，别说课件没有时间写，就是水都没来得及喝。没办法，我十分不好意思地向培训机构请假，把课程改到下周。这是我第一次拖课。

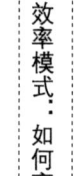

　　从那以后我有了教训，再也不把希望寄托在明天，你真的不知道明天会有什么事情在等着你。这些突然的意外，会打破你原有的计划。世界是千变万化的，不可能完全按照你的剧本走。把事情留给明天唯一能带给你的就是，你的计划被打破。即使没有突发的状况，你把今天的工作留到了明天，真正到明天的时候，你也未必去做。马克·吐温曾经说过，如果你把事情留到明天，后天能够完成它都是快的。因为你能把这个事情拖到明天去做，证明这个事情在你的心里面不是那么重要，或者重要但是你不擅长，不喜欢，不想去做。只有不想做的时候，才喜欢把它往后推。既然你今天不想做，推到明天了，那么谁又能保证你明天会愿意做呢？

　　以前听人说放下的东西就不愿意再捡起来，我还觉得有些危言耸听。那些绣了一半的十字绣，看了几页的书，哪一个不是明明白白地在讲述这个道理，只是没察觉而已。

　　想起曾在《意林》上读过一个关于今天和明天的小故事。

　　日本有个著名的僧人叫亲鸾上人，他九岁时，就已立下出家的决心。他求禅师为他剃度，禅师就问他说："你还这么小，为什么要出家呢？"亲鸾说："我虽年仅九岁，父母却已双亡，我不知道为什么人一定要死亡，为什么我一定非与父母分离不可，所以，为了明白这层道理，我一定要出家。"

　　禅师非常赞许他的志向，说道："好！我明白了，我愿意收你为徒，不过，今天太晚了，待明日一早，再为你剃度吧！"

亲鸾听后，非常不以为然地说："师父！虽然你说明天一早为我剃度，但我终是年幼无知，不能保证自己出家的决心是否可以持续到明天，而且，师父，你那么高龄，你也不能保证是否明早起床时还活着。"

禅师听了这话以后，拍手叫好，并满心欢喜地说："对的！你说的话完全没错。现在我马上就为你剃度吧！"

之所以对这个故事印象深刻是，是因为它告诉了我们一个深刻的道理：什么事情都不能拖到明天。

波兰也有一个关于明天的寓言。

为了多卖肉，一个村庄的肉铺老板写了一块广告牌："明天可以免费取肉。"告诉顾客如果今天你付了钱，明天就能免费过来取肉，可是当顾客第二天去取免费商品时，屠夫就会说："看清楚标志：今天你付钱，明天才免费。"

虽然写这个标志的商家有占了文字便宜、不诚信的嫌疑，却说明了一个容易被忽略掉的问题，"明天"永远都是下一天，永远不会变成"今天"。

我们想要提高效率，过高效率的人生，就要从你的人生字典里面剔除明天。你可以在早晨的时候给自己列一个表，写上今天需要完成的工作，每完成一项工作，就在旁边画上一个记号。一般的情况下，只要你设置的任务合理，任务都能完成。如果不能完成，你可以分析一下原因，是工作太多，超过了你的极限，还是你因为其

他的事情分神分心，耽误了时间？最后实在有没有做完的工作，就辛苦一下加一下班。不仅要加班，还要总结一下导致你这次没有完成工作而加班的原因，好汲取教训，不至于你下次再加班。

除了明天，让我们拖延的还有"等一会儿"。有一次，我工作有些累了，就想着休息一下，随手拿起了手机看里面的视频。当时还有两分钟是整点，想着看两分钟就好了。谁知道视频是连续性的，一个接一个，等我意识到还有工作要做的时候，时间已经逼近下一个整点了。所以在我的脑海里，我把"等一会儿""下一秒"和"明天"都放在我的禁用词典里。

所以要告别拖延，最好的办法是把"明天"从你的脑海中剔除出去，让你的世界里只有今天，只有当下。

懂得奖赏自己，抗拖也需要糖果

周末我接到闺密小齐的电话，她想让我陪她去看场电影。接到这个电话，我非常意外。因为小齐是我们闺密圈里比较节俭的女孩子。别说看电影，就连出门逛街的时候买一杯奶茶喝她都觉得不太划算。人逢喜事精神爽，这样舍得消费，难道有什么好消息要向我分享吗？

见到小齐，我问东问西，希望从她嘴里听到个好消息。可是她清了清嗓子告诉我，她仅仅是想奖励一下自己，因为她破天荒地一周按时走出家门上班，没有拖延。她一说我就明白了，她想用这次肉疼的奖励激励自己在抗拖延这条路上走下去。

我这个朋友哪里都好，但是却有一个不好的毛病，喜欢拖延，尤其是早上上班时，总是拖来拖去，拖到要迟到了才出门，之后为了赶上车，为了不迟到在马路上开启很不淑女的跑步模式。我们住一个单元的楼上楼下，有时候我喜欢顺便找她一起上班，但是和她开启了几次奔跑模式后，我再也没去找过她。这个资深出门拖延症患者居然连续一周出门没拖延，真是一件值得庆贺的事情。

不过我还好奇是什么力量让这个"千年拖延王"改掉拖延这个陋习的。

小齐抿嘴一笑，告诉我是奖励。原来她早就知道自己出门拖延的毛病是个大问题，每次也告诉自己早点出门，可是临出门的时候不是做一下这个，就是弄一下那个，推开门那一瞬间才意识到又拖延了。虽然跑几步还有助于锻炼身体，但是因为要扣奖金，她还是决定改掉出门拖延这个习惯。开始时自然不顺利，已经形成习惯好久了，即使早上什么事情也不做，也要拖到快迟到了再出门。当时她盼望已久的《捉妖记2》快上映了，于是痛下决心地告诉自己，如果能连续一周早上按时出门，就奖励自己看这场电影，结果她如愿以偿。

看来，奖励真的可以改善拖延。

其实，用奖励的方法改善拖延也不算什么秘密，人生是需要激励的，在抵抗拖延症这件事情上也应该一样。《战胜拖延症》一书写道，拖延是对生活本身的无所适从，既然是因为无所适从，那么做出了改变，就应该得到奖励。因为人都有向舒适性，很多时候我们抵抗拖延是和大脑在作战，而我们的大脑，最喜欢的就是奖赏，得到奖赏或者肯定的时候，大脑会分泌一种物质，这种物质能让人精神兴奋和愉悦。

大家都知道，在愉悦的情况下，我们工作效率就会更高，所以产生这种愉悦感让我们更加喜爱眼前的工作，做得更好。这更像一个循环反复的系统，因为克服拖延得到奖赏，因为奖赏大脑兴奋，因为大脑兴奋，分泌令人愉快的物质，做事情更有效率，因为做事情有效率，改变了拖延的情况。原来，我们给自己的奖赏不仅仅是单纯的奖励一下自己，也是投大脑所好，调度大脑的积极性。

张萌在她的《高效能手册》中就不止一次说到给自己奖励这件事。她用1000天让自己学英语，在完成了这个计划之后给自己买了一套心怡许久的原版书。她说她就经常奖励自己，有时候是一套书，有时候是一次旅行。

你也可以这样奖励自己，先给自己设定一个任务，然后完成任务的时候给自己一个奖励。这个任务不用多么大，可以是个小任务，任务小更容易执行，也更容易得到奖励，也就更能锻炼自己的积极性。比如知道自己喜欢拖延，可以让自己在十分钟之内专注地看一本书，当你完成这个任务时，就可以奖励下自己了。你也可以分阶段奖励，比如如果连续一个星期早起，就奖励自己去一次咖啡店；连续两周早起，就奖励自己去做一次 SPA；连续半年早起，就奖励自己一个心怡许久的包包。就像过关打怪，随着奖励等级的提升，你的斗志热情也会提升，这个时候你往往就会忽略掉要得到这些奖励。每个人都希望得到奖赏，虽然这个奖赏花的还是自己的钱。

除了物质上的奖励，还可以从精神上奖励。不过，在精神上说成激励更准确。这个激励法很简单，甚至简单到仅仅需要五分钟而已，你只需要告诉自己，做这一件事情，只需要做五分钟。虽然我们大脑都喜欢安逸，但是五分钟的劳动强度，它也不会反感。比如学英语，你告诉自己每天早晨就读五分钟的英语，这样你可能更愿意捧起书来，又比如五分钟瑜伽，你可以告诉自己就做五分钟，这样你会更愿意躺在瑜伽垫上。

大脑之所以钟情于五分钟，是因为人的耐心和意志力是有限的，太长会让它不自主地觉得疲劳，而五分钟刚刚好，既进入了状态，做了事情，又不疲劳，在可承受范围内。自然，这个五分钟有时候不仅仅真的是五分钟，就是让你向大脑传达一个信号，时间不长，你能胜任。比如出行，如果告诉你必须坐上十个小时的火车，喜欢坐火车的人都会觉得很漫长，但是如果告诉你三个小时车程就可以了，你的心情是不是马上会愉悦起来。

五分钟就是一个心里暗示，让你能愉快地无压力地进入工作状态。当我们做一件事情，进入状态，有热情的时候，五分钟是远远不够的。记得我刚学十字绣的时候，总告诉自己绣几分钟就好，可是拿起来就不愿意放下，不头昏眼花都不放手。做什么事情都是一样的，进入了状态，就不愿意出来了。

不过，刚开始的时候，那五分钟或许会很难熬，你最需要做的是，坐下来，咬着牙，度过那最难的五分钟。逐渐地，你的身体开始发热，你的思维开始活络，你的状态开始打开，你的灵感就开始逐渐流淌起来了。再进一步，彻底兴奋了，难以自拔了，你进入了物我两忘的状态，你顾不上喝水和如厕了。所以，当你的拖延症快要发作时，你需要做的是：什么也不想，闭上眼睛坐到桌子前，不管效率有多低，不管心里多难受，也要咬着牙，硬着头皮，把这五分钟过完。这五分钟，注定是不舒服、难受的。但它是如此重要，它是一切的关键：决定成败生死的五分钟，过了那段，一切都顺了。

给自己五分钟开始的时间，也给五分钟的结束时间。比如，工作任务还没有结束，你已经倦怠得想要放弃了，这时候，如果你告诉自己"我再坚持五分钟"，那么这种倦怠的感觉会不会随之消失？一定会！那你下一个倦怠期来临的时候，也告诉自己还有五分钟就可以结束了，那么你也可以把这个倦怠期闯过去，也不至于像以往一样放下工作。你在用结尾这个五分钟激励法的时候，一定不要实事求是地到了五分钟就停下来，那样和之前状态就没什么两样了。你应该继续工作，因为稍加坚持，只要这个倦怠期一过，你的脑袋里就会没有了休息这个念头。

你一定会说，说好了五分钟不停止，又做接下去的五分钟，这不是在欺骗自己吗？表面上我们是在欺骗自己，但是，我想你一定听过望梅止渴的故事吧！曹操带领军队出征的时候，前面有梅林吗？没有。但是一说到梅林，将士们还是一阵欢腾，道理是一样的。这也是一种心理暗示，自己还剩五分钟，让自己对结局有一种期许，不至于觉得太漫长。

虽然我们应该诚实，但是偶尔欺骗一下大脑，让大脑保持持续的动力，也不是什么过错，尤其是应对拖延症这个魔咒，我们也需要耍点儿小计谋。这五分钟是激励，是精神奖励，和前面物质奖励有相同的激励作用，是抗拖延路上的隐形糖果。